为什么是以色列

［美］米切尔·巴德　著
（Mitchell Bard）

文奕　荣玉　李佳臻　欧阳玉倩 / 译
徐新 / 校

Israel Matters

Understand the Past
Look to the Future

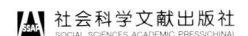

社会科学文献出版社
SOCIAL SCIENCES ACADEMIC PRESS(CHINA)

ORIGINAL EDITION PUBLISHED IN ENGLISH BY BEHRMAN HOUSE INC.,SPRINGFIELD,NJ,USA.

本书根据BEHRMAN HOUSE INC.英文版译出

夜幕下的圣殿山、西墙和岩石圆顶清真寺（耶路撒冷）
西墙是第二圣殿护墙仅存的一段，旁边就是圣殿山。圣殿山是一座占地40英亩的高地，岩石圆顶清真寺和阿克萨清真寺就伫立于此。

苏丹池演唱会（耶路撒冷）
尽管耶路撒冷是一个历史古城，但这里的文化生活依然充满活力。苏丹池在罗马时期至奥斯曼帝国晚期是耶路撒冷供水系统的一部分，如今被用作举行演唱会和节日庆典的场地。

阿拉伯烤肉串摊贩和哈西德行人（耶路撒冷）
现代耶路撒冷是一个具有多元文化的城市，不同族群及宗教团体的人们在这里朝夕相处。

西墙边的以色列士兵（耶路撒冷）
以色列实行义务兵役制，对各行各业的以色列年轻人来说，兵役是人生大事。

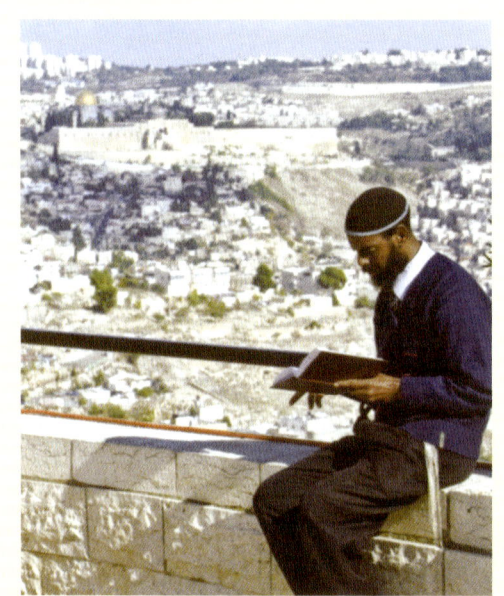

滨海大道上做祷告的埃塞俄比亚犹太男子（耶路撒冷）
以色列的埃塞俄比亚犹太人被称为"贝塔以色列"。他们的祖先是所罗门国王后裔的一支。除了会说希伯来语，大多数以色列埃塞俄比亚人还会说阿姆哈拉语，即一种埃塞俄比亚语言。

圣墓教堂礼拜的人群（耶路撒冷）
圣墓教堂位于耶路撒冷老城，被很多人视为耶稣受难和安葬之地，是世界各地基督徒朝圣之旅的重要目的地。

努比亚山羊（恩戈地自然保护区）
恩戈地是一片位于死海西岸的沙漠绿洲，野生动物众多，风景优美，是远足者的天堂。

盐床（死海）
死海是地球陆地的最低处，最深处海拔约-400米。死海矿物质丰富，常在水中浸泡，可以治疗多种疾病。

古老的门（萨菲德）
加利利的萨菲德城有着众多错综复杂的鹅卵石街道，这些街道通向大大小小的古犹太会堂。萨菲德也是艺术家云集的城市。

罗马时期的高架渠（地中海沿岸）
罗马人建造的高架渠将水从迦密山泉输往凯撒利亚地区。这一雄伟的工程为凯撒利亚带来了饮用水。

巴哈伊花园和海法市全景
港口城市海法从地中海之滨一直延伸到迦密山山坡，这里同时居住着阿拉伯人和犹太人，被认为是和平共处的典范之地。海法还是巴哈伊教世界总部的所在地，坐拥阶梯花园和一个金色圆顶圣殿。

俯瞰拉蒙火山口的悬崖（内盖夫）
拉蒙火山口是内盖夫沙漠的三个火山口中规模最大的一个。拉蒙自然保护区以及周边的内盖夫山区组成了以色列最大的自然保护区。这里有宏伟的地质地貌景观。

远眺中的雅法（特拉维夫）
雅法是世界上最古老的城镇之一，是一个俯瞰地中海的港口城市。由于战略地位重要，历史上一直是征服者竞相争夺的对象。如今，雅法是一个旅游胜地。

沙因克因街道上的露天咖啡馆（特拉维夫）
特拉维夫是以色列的商业和文化中心，街头生活十分活跃。

香蕉收割（基布兹）
农业是以色列的重要产业，优质香蕉被运往全国并出口欧洲。

贝都因集市（贝尔谢巴）
贝尔谢巴是一个有着大约20万人的现代城市，也是本-古里安大学的所在地。这里生活着大约2.7万名贝都因人。他们仍然保留着游牧的生活方式。

旅馆和滨海大道（埃拉特）
埃拉特位于以色列最南端的红海之滨。这里有壮观的水下保护区、观鸟地、海滨旅馆和夜店，是以色列民众和世界各地游客的度假圣地。

献给我的孩子，艾瑞儿和丹尼尔，以及他们这一代

以色列未来安全的重任终将托付给这一代人

纪念保罗·塔什曼

衷心感谢丹尼尔·利伯博士

南京大学犹太文化研究所文丛 第十六辑

南京大学犹太文化研究所文丛

编辑委员会

主　编　徐　新

编　委　陈贻绎　傅有德　洪修平　黄陵渝　赖永海
　　　　孟振华　潘　光　宋立宏　肖　宪　徐小跃
　　　　徐　新　殷　罡　张倩红　钟志清
　　　　Anson Laytner　Aharon Oppenheimer　David Stern
　　　　Samuel Heilman

"南京大学犹太文化研究所文丛"
总序

  从广义上说，中国的犹太学研究之萌芽完全有理由追溯到 100 年前。19 世纪末到 20 世纪 20 年代曾有若干关涉犹太文化方面的著作面世，这说明中国学者开始接触犹太文化并对它产生兴趣，不过当时并未形成系统研究，也没有任何组织机构有计划地推进犹太文化研究。20 世纪 30 年代后，犹太文化研究在中国的消退也就十分自然。

  改革开放激发了新一代学者对犹太文化的浓厚兴趣，走向世界的中国显然需要了解作为西方文明源头之一的犹太文化。在这一背景下，犹太文化研究再次在中国开展也就十分自然。不过严格说，真正有意义的中国犹太文化研究始于 20 世纪 80 年代末，21 世纪以来日臻成熟，几乎涉及犹太文化研究的所有方面。回顾历史，中国犹太文化研究取得的成就（也是我们界定犹太文化全面开展的标准）主要体现在如下四个方面。

1. 专门研究机构组织的出现

专门从事犹太文化研究机构的出现极大地推动了我国犹太文化研究的开展和深入。无论是80年代末成立的上海犹太文化研究会、中国犹太文化研究会，还是90年代成立的分布在全国各地，特别是有关高校的犹太文化研究中心，都是这样的机构和组织。很显然，组织机构是研究事业推进的最有力保障。

2. 犹太文化研究成果的大量出版和发表

据不完全统计，20世纪80年代以来我国已经出版的涉及犹太文化各个方面的专著超过600部，已发表的论文超过了1000篇。其中具标志性和有影响的成果有：顾晓鸣主编、上海三联书店在90年代陆续出版的"犹太文化丛书"，徐新、凌继尧主编、上海人民出版社于1993年出版的首部中文版《犹太百科全书》，以及傅有德主编、山东大学出版社在1996年后陆续出版的"汉译犹太文化名著丛书"。出版的书籍和发表的文章在显示我国犹太文化研究取得成就的同时，有力说明了犹太文化研究在国内的扩展和提高，以及中国学者对这一领域的了解和把握。

3. 犹太文化研究国际交往的增加

中国举办的犹太文化研究的国际会议逐年增加，外出参加国际会议或学术活动的人次节节攀升。无论是中国学者的"走出去"，还是国外学者的"请进来"，学术界的国际交往显然体现了中国犹太文化研究取得的进步和成就。

4. 犹太文化研究在高校的开展

在高校开展犹太文化研究和教学是中国犹太研究深入开展和将犹太研究进一步深化的一个重要标志。众所周知，高质量的研究只能出于专业研究人员之手，高校自然成为犹太文化研究的重镇。截至目前，2/3以上研究成果出自高校。高校开展的犹太文化研究还突出地表现在犹太文化课程的开设和犹太文化研究方向硕士和博士研究生的招收和培养。犹太文化课程的开设和人才的培养是我国犹太文化研究人才辈出和源头活水不断涌入的根本保证。

90年代初成立的南京大学犹太文化研究所是国内高校中最早对犹太文化进行系统研究、取得丰硕成果，同时享有较高国际知名度的研究机构。该研究所的建立是为了满足中国学术界日益增长的、对犹太文化了解的需要，并推动犹太文化的研究和教学在国内特别是在高校系统的进一步开展。南京大学犹太文化研究所建立以来不间断地开设一系列犹太文化课程，涉及犹太历史、文化、宗教、社会、民族、反犹主义和纳粹屠犹等方面，招收和指导犹太历史文化和犹太教研究方向的硕士研究生和博士研究生数十名，有力地促进了犹太文化教学在大学的开展。南京大学犹太文化研究所经过20多年的发展已成为中国人了解犹太文化的重要信息和资料来源，被视为中国犹太学研究领域的领军者。

组织撰写、翻译出版犹太文化研究方面的著作一直是南京大学犹太文化研究所工作的一个重要方面。尽管先前并没有以系列丛书的形式出版，但无论是涉及犹太文化各个方面的大型工具书如首部中文版《犹太百科全书》（上海人民出版社，1993；200余万字，1995年获得全国图书奖最佳工具书奖），还是其他著作如《反犹主义解析》（上海三联书店，1996）、《犹太文化史》（北京大学出版社，2006）、《犹太人的故事》（山东画报出版社，2006），以及《现代希伯来小说选》（漓江出版社，1992）、阿格农《婚礼华盖》（漓江出版社，1995）、阿尔弗雷德·高乔克《理性之光——阿哈德·哈姆与犹太精神》（内蒙古人民出版社，1999）、马丁·吉尔伯特《犹太史图录》（上海人民出版社，2000）、丹·巴哈特和本－沙洛姆《以色列2000年：民族和地域的历史》（山东画报出版社，2003）、雅各·马库斯《美国犹太人：1585－1990年，一部历史》（上海人民出版社，2004）、拉海尔·伯恩海姆－弗里德曼《地窖里的耳环》（云南人民出版社，2005）、沙洛姆·约冉《抵抗者：一个真实的故事》（华东师范大学出版社，2005）、《犹太人告白世界——塑造犹太民族性格的22篇演讲辞》（中央编译出版社，2006）、大卫·格罗斯曼《狮子蜜》（台湾大块出版社，2007）、撒母耳·科亨《犹太教——一种生活之道》（四川人民出版社，2009）等，都为国人了解犹太文化和推动犹太文化研究的深入开展做出了积极的贡献。

2008年，在纪念犹太文化研究在中国全面开展20周年之际，我们决定组织出版"南京大学犹太文化研究所文丛"，以实际行动进一步推动我国的犹太文化研究。该文丛的规模初步定在20本左右，涵摄该领域国内外知名学者，目的是为我国广大学者、读者提供深入了解犹太文化的书籍。内容不仅包括学术性的理论著作，也包括面向普罗大众的读物，涉及犹太历史、文化、民族等诸多领域。所选书目以现当代作者的著作为主，凸显时代关怀，雅俗共赏是我们的出发点和希望实现的目标。

徐 新

2008年于南京大学犹太文化研究所

2017年修改

目　录

序　言 / 001

第一章
活力四射的国度 / 001

第二章
犹太故土　犹太民族 / 020

第三章
两大宗教的源头 / 028

第四章
犹太复国主义运动的兴起 / 039

第五章
构建家园 / 054

第六章
为独立而战 / 075

第七章
建设新国家 / 087

第八章
领土之争 / 102

第九章
零星的和平　更多的战争　　　　　　　　　／117

第十章
缔造和平　　　　　　　　　　　　　　　　／140

第十一章
平衡和平与安全　　　　　　　　　　　　　／155

第十二章
考验"土地换和平"　　　　　　　　　　　／174

第十三章
以色列未来展望　　　　　　　　　　　　　／193

附　录
行动起来　　　　　　　　　　　　　　　　／212

词汇表　　　　　　　　　　　　　　　　　／216

大事年表　　　　　　　　　　　　　　　　／227

参考文献　　　　　　　　　　　　　　　　／237

序　言

　　以色列经常占据报纸头条并在网上被频繁提及。时事评论员常就以色列的国家政策、政治以及冲突展开辩论。你可能通过学校、《圣经》、朋友、家人的讨论或媒体报道，对以色列有所了解。但你若去过以色列，或在以色列有亲戚朋友，那么你对这个国家的看法就可能有别于同龄人，因为他们对以色列的印象主要来源于新闻报道。

　　以色列作为犹太人家园的观念对于很多美国犹太人而言可能只是一个抽象概念。你兴许与以色列人有过某些接触，兴许对这一犹太人的国家还不是那么熟悉，因缺少直接接触所以很难与这个国家建立起情感联系。毕竟，以色列只是一个位于世界彼端的国家。人们或许告诉过你应该关注它，但你可能并不知道为什么应该关注。你若是上过犹太学校，很可能在那里学唱过以色列的国歌《希望之歌》，就像你学唱《星条旗永不落》一样。然而，《希望之歌》背后的意蕴是什么？你是否因为自己是犹太人而对以色列有一种爱国情结？也许有，也许没有。

很多犹太人都自称犹太复国主义者。对有些人而言，这意味着所有犹太人都应该生活在以色列，而另外一些人则认为犹太复国主义者也可以居住在美国、加拿大、英国，或是世界上其他任何地方，并在那里用他们自己的方式支持以色列。一些基督徒也认为自己是犹太复国主义者，支持犹太家园的建立；还有人用自己的方式支持以色列，但不自称犹太复国主义者。你可能对任何贴标签的行为感到抵触，而倾向于弄清自己如何能与这个小小的国家建立联系。

大多数人谈起以色列，都会谈论其当下面临的紧迫问题。然而，若不全方位考察这个小国，不了解其历史宗教的重要性，不了解其取得的科技成就以及考古方面的奇迹，便无法真正理解这些紧迫问题的来龙去脉。我们需要了解以色列人口组成的极端多样性，了解塑造其文化的人物故事；我们也需要欣赏以色列迷人的海滩、美丽的沙漠以及地质奇观；我们还需要去品味这个国家的珍馐，体验兴奋的夜生活，畅游艺术的海洋。

关涉以色列的讨论通常集中在一些有争议的问题上，如巴勒斯坦人的困苦、以色列国内的社会问题、世俗与宗教的冲突。当你听到对以色列的批评时，你会作何感想？这些批评是否恰当？你是否试图去一探究竟？你是否觉得有必要进行回应？尽管并非每个人都喜欢争论或辩论，但你可能仍想亲自找到这些问题的答案，进而做出自己的判断；或者你感到自己有责任基于自己的理解来纠正错误的信息，为以色列辩护。但不管怎样，这些棘手问题的答案通常并不是非黑即白，而是更为复杂。

本书旨在帮助你梳理这些复杂的问题，帮助你建立自己与以色列的联系。本书提供了一种角度，而这一角度实际上是一种资料工具库，帮助你从历史、政治、文化诸方面更好地审视以色列。本书是谈论以色列的开始。

衷心希望你能认真阅读本书，进而了解以色列的历史、政治、文化，以及以色列人所面临的困境。衷心希望本书能够帮助你察觉到以色列对你而言的重要性。衷心希望你能够对自己的知识充满信心，从而能够参与相关话题的讨论，并帮助他人意识到以色列的重要性。

第一章
活力四射的国度

以色列，单单这个名字就足以让人联想到古代的君王和现代的战役。然而，以色列的历史远远不止于画册上的传说或报道中与邻国的冲突。以色列是一个活力四射，又同时拥有众多考古遗迹和古代历史遗址的国家；是一个浸淫现代文化——舞蹈、音乐、体育、戏剧，又凭借其城镇名字就能够勾起人们对圣经时代记忆的国家。以色列国土虽小，却有着发达的高科技领域和举足轻重的研究型大学。这个年轻的民主国家在不可思议的困境中得以幸存并走向繁荣昌盛。

以色列的国土面积尽管只有8000多平方英里，却风景优美，拥有多种多样的自然风光。在以色列西海岸，沿着地中海，你会发现世界上最迷人的海滩；往南至埃拉特市，可在红海开启惊心动魄的水肺潜水之旅。除此之外，以色列南部还拥有美丽的岩质沙漠。冬天去北部，便可在赫尔蒙山滑雪。在以色列西北角的鸽子洞，可乘坐缆车降至海边，欣赏令人叹为观止的白色悬崖与岩洞。而在以色列中部，你可以不费吹灰之力漂浮在世界陆地上的最低点——死海。由于死海含盐量极高，你会不由自主地浮于水面。

以色列面孔

乌迪，18岁，家住特拉维夫。此刻他正躺在床上望着天花板，听着iPod播放红辣椒乐队关于加州冲浪的歌曲。两周后，他要参加全国中学毕业考试，只有通过这次学力测验才能上大学。五周后，他会和朋友一起去征兵中心接受入伍指导。这之后的三年他将在军队服役，而他真正想做的却是拿起冲浪板冲浪。但他记得自己曾向最好的朋友沙伊承诺会去参加精锐伞兵部队的选拔。

播放列表里前一首歌结束了，Hadag Nahash的音乐突然响起。Hadag Nahash是乌迪最喜爱的以色列嘻哈乐队。他立马把歌曲音量调大："Bombs, pressure, crooked politicians/When will it end? Who knows? /But that's your buddy over there/and that's your black hat wacked cousin in the Holy Crazy City/and there's nowhere else you'd rather be than right here in the middle of the balagan [chaos]."（炸弹，压迫，狡诈的政治家/何时结束？何人知晓？/但那是你的兄弟/是你邪恶的兄弟在那神圣的疯狂之城/除了淹没在这喧嚣声中你哪儿也不想去）

加利福尼亚州
15.8302万平方英里

新泽西州
8729平方英里

以色列是一个小国，国土总面积只有8552平方英里。以上是以色列版图分别与美国加利福尼亚州和新泽西州的比较

森林公园遍布以色列全境。19世纪末以来，植树造林一直是国家的优先项目。事实上，以色列是世界上唯一一个在20世纪末拥有比20世纪初更多林木的国家。

生动的历史

古代遗迹与现代博物馆

以色列悠久而丰富的历史在遗址公园和博物馆中得到了生动的展示。在那里，你可以看到许多保存完好的罗马遗迹，比如位于凯撒利亚如今被用作表演舞台的圆形露天竞技场。你还可以探索远古文明的发掘现场，如曾经存在于内盖夫沙漠的纳巴泰文明；或者参观古遗址，如在《新约》中被称为哈米吉多顿的有着5000年历史的米吉多城，而最为壮观的古遗址之一当是马萨达要塞。一群奋锐党犹太人曾在马萨达要塞与罗马人抗争了三年，这群犹太人拒不投降，慷慨赴死。

来到以色列各博物馆参观的游客络绎不绝，仔细观赏馆内陈列的古老文物，其中最著名的是收藏在耶路撒冷以色列博物馆里的《死海古卷》。古卷被存放在一个叫"圣书之龛"的专门展馆中。这些古卷于1947～1956年在死海附近的沙漠洞穴中被陆续发现，包括迄今已知《希伯来圣经》经文的最古老抄本。

> **进一步了解**
>
> 许多学者开始使用"before the Common Era"（公历纪元之前）以及"of the Common Era"（公历纪元），分别缩写为 BCE（公元前）和 CE（公元），用以取代可能更为常见的 BC（公元前）——"before Christ"（基督之前）和 AD（公元）——"anno Domini"（拉丁语中意为"主的生年"）。BCE 和 CE 被视为更中立的术语。

在特拉维夫的贝特福博物馆（犹太民族散居博物馆），你可以了解全世界犹太社团的历史。除此之外，全国还有其他博物馆，展示伊斯兰艺术、科普展品，以及当代雕塑。

信仰之都

以色列是世界三大宗教的发源地。犹太教、基督教以及伊斯兰教的重要遗迹遍布全国。许多宗教遗迹位于耶路撒冷老城，一些集中在圣殿山周围。圣殿山是一块面积约 37 英亩的区域。公元前 950 年前后，犹太教圣殿建造于此。在西墙处，你可以看到圣殿山护墙最后留存下来的遗迹。圣殿山是犹太教最为神圣的地方，西墙则是犹太人世代进行祷告的场所。公元 70 年第二圣殿被毁后，耶路撒冷城便一直是犹太人尊崇、崇拜与祷告的对象。

参观西墙，你会注意到一旁以蓝色瓦墙与金光闪闪的穹顶而闻名的岩石圆顶清真寺，以及第二圣殿遭罗马人摧毁数百年后复建于原址的阿克萨清真寺。伊斯兰教称穆罕默德就是在这里登宵的；穆斯林将其视为仅次于麦加、麦地那的第三圣地。

离此不远处是一条条狭窄的街道，店铺林立，售卖装饰品、食品和纪念品。你可以走上一条"苦路"。基督徒认定这是耶稣身负十字架受难时走过的路。除此之外，你还可以参访圣墓教堂。大多数基督徒认为圣墓教堂所在的位置就是耶稣受难地，而圣墓则被认为是安葬耶稣的场所。至少自4世纪以来，圣墓教堂便成为重要的朝圣地。

进一步了解

许多美国人高中毕业后直接上大学，但大多数以色列人高中毕业后则去以色列国防军服兵役。以色列国防军由陆军、空军和海军组成。按要求，男性需在国防军中服满36个月的兵役，女性为24个月。大多数以色列犹太人都必须服兵役，但少数人可以通过从事社区服务来代替兵役，还有固定的几类人可以免除服兵役的义务，其中包括极端正统派犹太人，他们被准许在犹太经学院学习。该问题极具争议性，以色列人常常就此进行辩论。

1994年以来，以色列国防军作战部队中就一直有女性参与。如今，以色列国防军中的大部分职位都对女性开放。以色列空军的首位战斗机女飞行员出现在2001年。

常规兵役结束后，以色列男性每年可能被召回服为期一个月内的预备役，直到43~45岁（但很多志愿兵只要身体合适，还是会服预备役）。一旦发生危机，他们则有可能被召回服现役。以色列军队大多是由预备役组成，一旦出现紧急情况成千上万的以色列人抛家舍业应征入伍。

以色列国防军对于所谓"纯洁武器"非常自豪——他们承诺不对战俘和平民施加不必要的伤害。

以色列还存在许多其他宗教，比如宗教规模不大的巴哈伊教。巴哈伊教的世界总部位于海法市，拥有一座金色穹顶的圣殿。圣殿远眺地中海，俯瞰漫山遍野的花海。

活跃的文化

以色列是一个文化艺术氛围浓厚的国度。早在1948年独立之前，其文化艺术就日臻蓬勃。20世纪初有著名诗人哈伊姆·纳赫曼·比亚利克，而在 1966 年撒母耳·约瑟夫·阿格农获得诺贝尔文学奖，是以色列迄今唯一一位获得该荣誉的著名作家。其他享誉国际的以色列作家和诗人包括耶胡达·阿米亥、纳坦·奥尔特曼、大卫·格罗斯曼、A. B. 约书亚、舒拉密丝·哈勒文以及阿摩司·奥兹。

> 耶路撒冷是以色列我最喜爱的城市。这是第一个让我有紧密联系感的地方。到达之前我感到无比紧张，而当我们从隧道驶出，第一眼看到耶路撒冷，脸上就绽开了笑容。
>
> ——艾丽莎，26 岁
> 纽约州纽约市

1936 年，以色列爱乐乐团成立。而早在 1906 年，首家艺术学院——贝扎雷艺术与设计学院就已创建。1931 年，哈比马剧院在特拉维夫揭幕。许多受欢迎的剧作家如汉诺赫·列文、约书亚·索博尔、什穆埃尔·哈斯法里都是在近些年变得家喻户晓。独立之前，以色列民间舞蹈十分流行，而巴希瓦舞团、巴特－多尔舞团等著名现代舞蹈团则推广现代舞蹈与芭蕾。

从以色列还走出一批闻名世界的古典音乐家，包括小提琴家伊扎克·帕尔曼、皮恩卡斯·祖克曼以及出生在阿根廷的钢琴家、指挥家丹尼尔·巴伦博伊姆。在 20 世纪八九十年代，成千上万来自苏联的难民移居以色列，带来许多出类拔萃的音乐家。这批音乐家组建了新管弦乐团、室内音乐团及合唱团。除了在古典音乐方面成就瞩目，以色列的流行表演艺术家，如阿里克·爱因斯坦和大卫·布朗茨，也颇有名气。越来越多的以色列年轻人喜欢听嘻哈音乐、饶舌音乐，Subliminal、Hadag Nahash 和 Muki

等组合赢得大批国际粉丝，而查娃·爱尔博斯坦、诺亚等歌手更是令犹太音乐扬名世界。

你可知道
哈伊姆·纳赫曼·比亚利克（1873～1934）

比亚利克出身于俄罗斯一个传统犹太家庭，曾在立陶宛著名的沃洛律犹太经学院学习《塔木德》经典，之后逐渐疏远宗教。比亚利克发表的第一首诗是"鸟颂"，1901年出版了第一本希伯来语诗集，受到广泛好评。1921年，比亚利克移居柏林，在那里创立了世界出版社。

1924年，比亚利克将出版社迁到特拉维夫，在以色列投身于文化活动和公共事务。1927年，他当选希伯来作家协会主席，并一直担任该职位到1934年去世。比亚利克生前被称为以色列"民族诗人"。如今，他的诗依然深受欢迎，一些以色列最有才华的作曲家还为他的诗谱曲。

以色列的影视产业也十分活跃。不少获得国际奖项，如《五台破相机》（2011）、《守门人》（2012）等，而《伯利恒》（2013）等则饱受争议。不过，这些都令以色列影视的国际认可度与日俱增。美国电视剧《国土安全》就是根据以色列电视连续剧《战俘》改编而成。HBO连续剧《扪心问诊》则改编自以色列一档颇受欢迎的电视节目《治疗》。一些以色列裔演员，如娜塔丽·波特曼，更是成为享誉世界的影视明星。

以色列拥有顶级艺术博物馆。这些博物馆因收藏有马克·夏卡尔等犹太艺术家的重要作品而享有盛名。在制陶、珠宝、玻璃吹制以及书法方面，以色列手工艺人的成就也广为人知。你可以在雅法城和耶路撒冷老城的阿拉伯市场等艺术家聚居区买到这些漂亮的艺术品。

你可知道
伊扎克·帕尔曼（1945~ ）

伊扎克·帕尔曼是一位音乐会小提琴家，出生于以色列独立前几年，四岁时得了小儿麻痹症，从此需要依靠拐杖才能行走。他从小练习小提琴，曾在特拉维夫音乐学院学习，之后到美国纽约茱莉亚学院深造。帕尔曼于1963年在卡内基音乐厅举行了个人首演，1964年赢得著名的列文垂特比赛大奖。

帕尔曼被公认为全世界最伟大的小提琴家之一，他录制了大量唱片，演出足迹遍及全球。他曾数次在白宫演奏，是美国电视节目的常客。帕尔曼曾在2009年奥巴马总统就职典礼上进行演奏。你可能见过他。

你可知道
娜塔莉·波特曼（1981~）

你可能知道娜塔莉·赫许勒的艺名娜塔莉·波特曼，或者熟知她出演的某个电影角色，如《星球大战前传三部曲》中的女王艾米达拉。娜塔莉出生在耶路撒冷，3岁那年随家人移居美国。波特曼10岁开始在戏剧营表演，两年后，她成为《这个杀手不太冷》的主演，这是她人生中第一个电影角色。在波特曼青少年时期，她还出演了一系列电影，也因饰演《安妮日记》中的安妮·法兰克首次登上百老汇舞台，接着她因主演女王艾米达拉这个角色而走红。

从纽约长岛塞奥瑟高中载誉毕业后，波特曼进入哈佛大学攻读心理学。学习之余，她参演了《冷山》和《情归新泽西》。2005年，波特曼出演以色列导演阿莫斯·吉泰在以色列和约旦拍摄的电影《自由地带》。2010年，她在《黑天鹅》

中的表演为其赢得奥斯卡最佳女演员奖。此外，据阿摩司·奥兹回忆，波特曼还自编、自导、自演了电影《爱与黑暗的故事》。

在电影事业之外，波特曼还同时担任国际社会救援基金会的希望大使，该组织为第三世界国家的女性提供小额贷款，以帮助女性建立自己的事业。波特曼现居纽约，能说一口流利的希伯来语。

与全世界数以百万计的人一样，以色列人对体育充满热情。如果生活在以色列，你很可能会选择观看足球赛和篮球赛，并为此感到自豪，因为以色列是一个篮球强国，曾获得包括2014年在内的6次欧洲冠军。特拉维夫的马卡比队是以色列最负盛名的篮球队。

以色列人在其他体育项目上的表现也同样优秀。在1992年奥运会上，雅埃尔·阿拉德获得柔道银牌，奥伦·斯马加获得柔道铜牌。这是以色列第一次赢得奥林匹克奖牌。2004年，冲浪运动员加尔·弗里德曼为以色列赢得了第一枚奥运金牌。

蓬勃的经济

以色列仅用了60多年的时间就出色地实现了巨大的经济增

长，并形成了大规模的高科技领域和发达的农业。

农业发展

19世纪末20世纪初，犹太移民怀着建国梦想抵达这片土地。当时的以色列还是荒芜一片；大部分区域是贫瘠的荒漠和疟疾肆虐的积水沼泽。在找到利用稀缺水源进行灌溉的办法之后，农民学会了种植柑橘和其他水果的方法。如今，以色列不仅种植出足以养活国民的粮食，还出口水果、蔬菜、鲜花以及葡萄酒，遍及中东地区、欧洲，甚至远销美国。

以色列的研究人员还发明了许多保护庄稼和动物的新方法，如在不使用有害农药的情况下就能防止病虫的侵害。他们开发出一系列新技术，提高了奶牛的产奶量、提升了植物施肥效果、增加了番茄作物产量、改善了小麦生产以及农场效率。以色列农民因此受益，并将这些创新发明与其他国家和地区的农民分享。以色列发明的一个广为人知的技术就是滴灌，即把适量的水用在最需要的地方。如今全世界都在广泛使用该方法以提高农业产量。

> 以色列为世界带来了许多我们今天习以为常的发明。一个如此小的国家，却对医药和通信等领域有如此深远的科技影响，实在令人惊叹。
>
> ——本杰明，17岁
> 马里兰州罗克维尔市

进一步了解

以色列积极开发新技术，以提高水资源使用率，防止未来水资源短缺。以色列三大水源为沿海蓄水层、山区蓄水层以及基尼烈湖（加利利海），三大水源提供了以色列25%的用水量。剩下的用水则由小量蓄水层和循环利用的废水提供。以色列经常遭遇干旱，因此供水相对不稳定。

随着以色列人口增多、经济扩张，对水的需求也相应增加，农业、商业、休闲业以及生活饮用都需要消耗水。以色列则通过海水淡化解决用水问题，即脱去海水盐分使得海水适于饮用、洗漱以及农业用途。

以色列现正在着手实施一个重大的水资源开发项目——在地中海沿岸建造5个海水淡化工厂。2010年，全世界最大的海水淡化厂在哈代拉建成。然而，大多数专家认为尽管海水淡化可以缓解以色列缺水状况，但不能从根本上解决缺水问题。淡化工厂造价昂贵，建造时间长，消耗能源多，并且未来无法提供以色列所需水量。另一些人则担心这些工厂容易成为恐怖分子袭击的对象。尽管有弊端，海水淡化技术在全世界依然有很高的需求，而以色列希望成为全球水科技市场的领头羊。

进一步了解

以色列资源如此匮乏，却取得如此多的成就，也因此成为其他发展中国家的楷模。建国初期的那几年，以色列就将自身在农业、医药和可持续发展方面的经验知识与其他国家共享。果尔达·梅厄在 1969 年成为以色列总理之前的数年里，曾发起一个援助非洲的项目。她认为非洲大陆的许多国家面临和以色列类似的挑战，而以色列可以帮助它们克服困难。

高科技巨头

尽管面临经济挑战，以色列如今享有以科技实力引领经济的盛名。以色列国家虽小，却培养了数量可观的科学家和研究人员。这些有才华的人创造的产品和提供的服务使以色列走在通信、计算机、光学以及高科技产业的前沿。以色列科技创新的声誉也让大多数美国高科技巨头如摩托罗拉、IBM、微软以及英特尔都选择在这里建立工厂。

除了计算机产业，以色列在其他科学领域也走在前列。以色列科学家被公认为医疗研究等领域的先驱。他们发明的新药和新

> **思考一下**
> 以色列如何在这么短的时间内取得这些成就？

疗法能够有效治疗包括多发性硬化症和艾滋病在内的多种疾病。以色列一家公司还发明了一种小到足以放进药丸内的相机。病人吞下药丸后，医生便可以通过相机观察人的肠道，以确定是否有癌症或者其他消化紊乱的迹象。

另一家以色列公司发明的一种设备，可以帮助数以百万计糖尿病患者无疼痛注射胰岛素。2004 年，以色列科学家阿夫拉姆·赫什科和阿龙·切哈诺沃因在癌症方面的开创性研究获得诺贝尔化学奖。2011 年，以色列科学家丹·舍特曼因在晶体学方面的发现获得诺贝尔化学奖。以色列有许多优秀的医院。耶路撒冷的哈达萨医院是医药研究与治疗的世界级中心，其员工组成多样，以治病救人为宗旨，不关心所救的人是恐怖分子还是受害者，医院因此赢得名声。

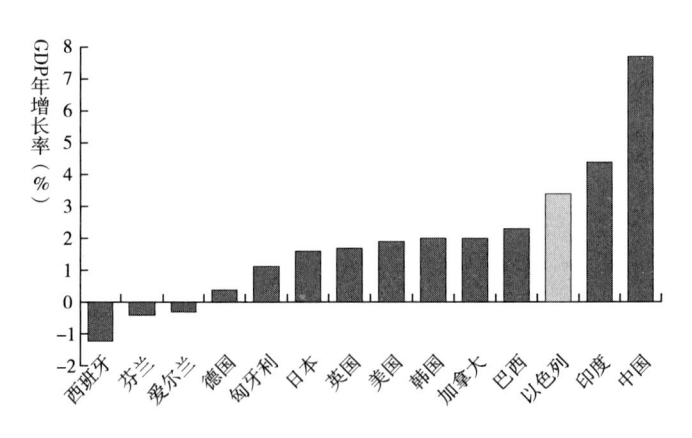

以色列 GDP（国内生产总值）年增长率与其他国家比较

美国和以色列在很多项目上有合作。比如，双边合作基金支持两国高科技商业产品共同开发、农业合作研究，以及在科学、工程和社会科学上的协同项目。从教育到能源与环境保护，几乎所有美国政府机构都与以色列相应部门合作。此外，美国近一半的州还与以色列在贸易、旅游等方面单独签订合作协议。

2003年，伊兰·拉蒙成为首位搭乘美国国家航空航天局的航天飞机进入太空的以色列宇航员，以色列人的民族自豪感因此大幅提升。然而，航天飞机在返回地球时却发生解体，拉蒙和其他同在哥伦比亚号上的宇航员全部遇难。以色列人民的自豪转瞬化为悲痛。拉蒙被视为民族英雄，是希望的象征。他的杰出成就依然鼓舞着以色列人，证明这个有着悠久历史的小国家已准备在21世纪腾飞。

> **词语解释**
>
> 干谷 以色列位于沙漠中的一个河谷（valley）被叫作干谷（wadi）。以色列如今是仅次于加州硅谷（Silicon Valley）的世界第二大高科技公司集中地。这里有时也被称作以色列硅谷（Silicon Wadi）。

进一步了解

以色列开发了许多高新技术。以下略举数例。

▷ 网络电话（VoIP）技术

▷ 语音邮件技术

▷ 美国线上即时通信技术

▷ 英特尔最新多核处理器

▷ 保护飞机免受导弹袭击的首个飞行系统

▷ 位处南加州莫哈维沙漠的大规模太阳能全功能发电厂

▷ 首个电脑杀毒软件

▷ 美国国家航空航天局用来将火星影像传回地球的程序

进一步了解

在航天飞行之前，伊兰·拉蒙曾说感觉自己代表着所有犹太人或所有以色列人。尽管他并非一个严格遵守教规的犹太人，但为此次飞行准备了特别的食品，并向拉比咨询在太空过安息日的恰当方式。此外，拉蒙还携带了一本信用卡大小的缩影版《圣经》以及一幅名为《月球景观》的铅笔画。这幅画出自在奥斯维辛集中营遇难的14岁犹太男孩彼得·金兹之手。

航天飞机环绕地球期间，伊兰·拉蒙从太空拍摄了一段以色列的视频。点击网址 www.factsofisrael.com/blog/archives/000617 即可在线观看该视频。

从太空俯瞰以色列和中东

你可知道
舒拉米特·利文贝格（1969～）

舒拉米特·利文贝格博士是海法市著名的以色列理工学院的一名生物医学工程师，曾在2006年被《科学美国人》杂志评为世界顶尖的50名科学家之一。她因造出实验室培育的移植组织和器官并在将来有望造出合成器官，而被该杂志授予此殊荣。

第二章
犹太故土　犹太民族

以色列尽管国土面积小、移民人口多元、位于荒凉沙漠地带、四面受敌，却在不到 70 年的时间里发展为该地区经济最强劲、政治最民主的一个国家。理解和赞赏以色列今日之成功和优势，则必须从其历史入手。

国家的创建

尽管现代以色列国成立于 1948 年，但犹太人与如今人们称作中东的这片土地之间的渊源由来已久，可以追溯到圣经时期。犹太传统认为 3700 年前上帝就对亚伯拉罕做出了特别允诺（或立约）。《希伯来圣经》明确写道：如果亚伯拉罕的子孙遵循上帝的旨意，即可继承一片流着奶与蜜之地，并且将和天上的星星一般繁衍众多。根据《希伯来圣经》，以色列人（即古代犹太人）在摩西带领下逃离埃及并在他们所说的应许之地创建独立国家时，契约就已履行。历史和考古记录表明，犹太人在该地的传承史可追溯到公元前1000年前后。

据《圣经》记载，从埃及逃出的奴隶形成了12个犹太支派，最终联合在一起建立了世界上最早的君主立宪制王国之一，先后由扫罗、大卫和所罗门统治。以色列位于亚洲和非洲之间的十字要道上，极具商道价值，数百年来一直是强权争夺的战场。掌权的国王建立起王朝以保护十二支派不受侵略和其他威胁。古代以色列王国规模最大时囊括现代以色列、叙利亚、黎巴嫩和约旦的部分或所有地区。

但内部的分歧最终使犹太王国分裂。公元前922年前后，所罗门王去世。不久，十二支派中的十支派脱离原来的王国，在北部成立一个新王国，称以色列王国。余下的支派则留在扫罗、大卫和所罗门执掌过的王国南部，自称犹大王国。意料之中的是分裂后的民族实力大大减弱，而规模较小的王国经常成为周边统治者寻求扩张的目标。

以色列面孔

亚伯拉罕，17岁，生于耶路撒冷，家里有10个兄弟姐妹。他的父亲备受尊敬，是家族中第11位在耶路撒冷被任

命的拉比。他的母亲负责照料全家并参与社团的慈善活动。

亚伯拉罕每天5点起床,在拉比学校开始新的一天。他在这里学习犹太哲学、拉比教义和祷告。他最喜欢每周的安息日,这一天可以不用去学校,而是与全家人及客人相聚一堂,共享持续数小时的丰盛大餐。

亚伯拉罕期待几年后建立自己的家庭,而他的父母将帮忙从犹太社团为其挑选妻子。

独立的丧失

> **词语解释**
>
> 犹地亚/犹大 犹地亚和犹大均指历史上包括耶路撒冷、希伯伦和伯利恒城市在内的巴勒斯坦南部地区。罗马人征服犹太人的王国后,将巴勒斯坦划分为三个行政区:犹地亚、加利利和撒玛利亚。Judea(犹地亚)是希伯来语Yehuda(犹大)的罗马翻译。Jew(犹太人)一词则源于拉丁语Judaeus,意思是"犹地亚的居民"。

北部的以色列王国在维系了200年后,于公元前732年被亚述人征服。南部的犹大王国则在维持300多年的统治后,于公元前586年被巴比伦人推翻。最终,巴比伦人被波斯人征服,而波斯人之后又被亚历山大大帝和希腊人击垮,但犹太人始终未放弃重拾独立的希望。公元前167年,在玛他提亚和他的五个儿子即玛喀比家族的英勇领导下,犹太人起义反抗希腊暴君安条克王。经过三年的抗争,玛喀比家族成功收复耶路撒冷并净化了神圣的圣殿。每年光明节,世界各地的犹太人都会重温这段历史。在外族统治下生活了500多年后,犹太人终于在公元前142年重建独立王国,但只维持了不到80年便被罗马人征服。

进一步了解

玛他提亚家族以"玛喀比"闻名于世。该词源于希腊语,意为"锤子"。据说玛喀比以锤子般的手段抗击敌人。玛喀比家族也通常被称为哈斯蒙尼家族,他们的故事是犹太哈努卡节(即光明节)的来源。

反抗罗马人

罗马人征服犹太人的哈斯蒙尼王国后,犹太人决心为争取自由而战。公元66年,在奋锐党人的领导下犹太人发动了起义。罗马人耗时四年才将起义镇压下去,该起义导致了近百万犹太人牺牲。最后在一次持久而血腥的围攻后,罗马人于公元70年的夏天攻破耶路撒冷城墙,摧毁了犹太圣殿,此举被认为是罗马人对犹太人最具毁灭性的打击。圣殿宗教意义非凡,它的毁灭象征犹太人彻底丧失在该地区的政治权力。公元132年,西蒙·巴

词语解释

奋锐党人 奋锐党人一词源于希腊语,意为"狂热者"。该术语指对某项事业表现出极大热情和奉献精神的人。在犹太史上,奋锐党人曾为争取犹太独立而同罗马帝国激烈抗争。

尔·科赫巴领导了另外一次反抗罗马统治的起义，起义持续近三年。到罗马人最终平息这一最后的起义时，据估计该地区约 50% 的犹太人口已遇难。大部分幸存下来的犹太人被罗马当局逐出以色列地，罗马人在当地统治了将近 800 年。

如今，当你听到有人说犹太人 2000 年来一直无家可归，他们的意思是从公元 70 年圣殿被毁到 1948 年以色列建国这期间犹太人没有国家。不过，虽然大部分犹太人被罗马人驱逐出去，但是犹太人在以色列地的存在却一直没有中断。

> 攀登马萨达要塞是振奋人心的。我目睹到的不仅仅是风景，更是一个古代文明。我见证了祖先的生活方式，感受到他们坚守价值以及生命的努力。在我心里，这段经历可以说明保障以色列安全的必要性。
> ——艾莉森，17 岁
> 马里兰州罗克维尔市

进一步了解

公元 70 年，耶路撒冷沦陷后，一群奋锐党人逃离耶路撒冷至死海附近的马萨达要塞，在这里抵抗罗马三年。最后眼看罗马人就要攻破防线，奋锐党首领以利亚撒·本·亚伊尔决定，相比被捕并卖为奴隶，960 位犹太人不如集体殉难。尽管犹太教并不宽恕自杀，但直到今天马萨达仍然是一个重要象征，是以色列的旅游胜地。

挺过战败

尽管第一次犹太战争（公元 66～70 年）对于犹太人而言是一场灾难，但有一个重要事件帮助犹太人挺过了之后那没有自己宗教和政治中心的几百年。在罗马围攻耶路撒冷期间，一位重要的犹太拉比——约哈南·本·撒该预见犹太人会战败。他担心如果犹太人不能进入圣殿或耶路撒冷，有可能无法保持自己的信仰，或实行自我管理。他意识到犹太人需要一个致力于教育后代的学院。

然而，当时的本·撒该拉比被困在耶路撒冷城中。为了强迫所有犹太人支持起义，奋锐党人会杀死任何试图逃离耶路撒冷的人。据说，拉比想出了一个出城的办法。他的门徒宣称这位伟大的拉比因瘟疫辞世，并请求奋锐党领导人允许将拉比埋在城外，以防止可怕疾病的传播。奋锐党人同意了，于是本·撒该拉比被装在一口棺材里抬出城外，来到罗马将军维斯帕乡的营地。

> **词语解释**
>
> 流散 流散一词源于希腊语，意为分散，可指犹太人被逐出以色列故土的历史时期，也可以用来描述所有海外犹太人的生活和海外犹太社团的境况。

本·撒该拉比从棺材中出来，对地位显赫的罗马首领说，他有一个预言和一个请求。拉比告诉维斯帕乡他将很快成为罗马皇帝，请求允许自己建立一所犹太学校。维斯帕乡表示只要预言应验，就答应他的请求。

> **进一步了解**
>
> 公元132年爆发的第二次犹太战争结束后,罗马人将Judea(犹地亚)改名为Palaestina(巴利斯蒂娜)。根据一些学者的说法,这是因为罗马人想减弱犹太人对以色列地的认同感。而最早使用术语Palestine(巴勒斯坦)的则是公元前5世纪的古希腊历史学家希罗多德。阿拉伯语Filastin衍生自拉丁语名称Palaestina,该词来源于一个已经灭绝的古代海洋民族——P'lishtim(腓力斯丁人)。现代学者根据埃及人的记载,将腓力斯丁人出现在黎凡特地区的时间追溯至公元前12世纪。

本·撒该拉比的预言得到了应验。维斯帕乡果然当上了罗马皇帝。他兑现之前的承诺,允许本·撒该拉比在耶路撒冷北边一个叫贾布纳的小镇建立犹太学院。数百年里,该学院一直是犹太人的学习中心。本·撒该拉比的这一创举终结了犹太教对中央圣殿以及祭祀仪式的依赖,帮助犹太教挺过起义失败后的年代。最终,犹太会堂取代圣殿;祈祷代替祭祀礼仪;而对犹太律法和教育的重视则将原本一盘散沙的犹太社团凝聚在一起。尽管犹太人分散于世界各地（即处于所谓流散状态），但他们从未放弃对家园的责任。2000多年来，全世界的犹太人都梦想回归以色列故土，梦想重建一个独立的犹太国，并在一天三次的祷告中、在每个犹太节日上诵读表达这一梦想的祈祷词。

> 以色列对我而言太重要了。它是唯一一处使我可以看得到、触摸得到并且感受得到民族历史的地方。
> —— 杰西卡，32岁
> 新泽西州海兰帕克

第三章
两大宗教的源头

谈及以色列和犹太民族的历史,就必须审视基督教和伊斯兰教的起源。这两大世界宗教起源于同一地区,并在主要特征方面与犹太教一致。这三个宗教都崇拜独一神,都敬仰亚伯拉罕、其他犹太族长和先知。

基督教的兴起

基督信仰深植于犹太拉比、拿撒勒人耶稣的教义和身份之中。据学术考证,耶稣约公元前4年出生在罗马统治下的犹地亚地区。在30岁左右经施洗者约翰的洗礼后,耶稣才开始公开传道。在大约三年的时间里,耶稣走遍加利利地区,并进入耶路撒冷。其间一直在传播教义、提供疗愈、吸引门徒,被相中继承耶稣使命的 12 个门徒即为众所周知的耶稣"使徒"。耶稣传播的福音强调的是犹太先知致力宣扬的犹太传统思想:公正和怜悯。耶稣越来越受民众的欢迎,不少门徒在提及他时开始称他是犹太人的王和救世主(即弥赛亚)。依据基督教传统,耶稣与将圣殿用于商业目的的人发生了冲突。于是,犹太大议会的大祭司将耶稣移交给罗马总督本丢·彼拉多处理,后者下令将耶稣钉死在十字架上。耶稣的追随者声称耶稣在受难后的第三天复活,并开始传播耶稣是上帝之子的教义。

> **词语解释**
>
> **先知** 先知被认为是受上帝委派、晓谕上帝旨意并引导民众忏悔和遵守上帝律法的个体。
>
> **犹太教公会** 犹太教公会是犹太人的法院,存在于古犹地亚的每座城市。犹太教大议会是由71位成员组成的最高法院,坐落在耶路撒冷圣殿内,是犹太人生活中的最高宗教权威和法律权威。

耶稣的追随者最终成为我们今天所说的基督徒。尽管他们的宗教习俗起初与犹太教习俗十分相似,但保罗一类基督教宣教士逐渐提出与犹太教最基本习俗传统如割礼相背离的教义。数百年来,基督徒一直宣称耶稣就是《希伯来圣经》里上帝允诺会到来的弥赛亚;犹太人则认为耶稣是一位伟大的拉比,不承认他是弥赛亚。尽管当时罗马人不断迫害基督徒乃至处死了成千上万的基督徒(部分原因是基督徒拒绝崇拜罗马皇帝),基督信仰还是传遍了整个罗马帝国。

然而,到了公元 313 年,罗马皇帝君士坦丁皈依基督教,宣告基督教是罗马帝国一种拥有合法地位的宗教。公元 330 年,君士坦丁皇帝将罗马帝国首都从罗马迁至拜占庭(即今天土耳其的伊斯坦布尔),并将后者改名为君士坦丁堡。到公元4世纪后半叶,以色列的故土已经基本成为一个基督教国家。在基督教的圣地,如耶路撒冷、伯利恒以及加利利等地,都修建了若干基督教堂。全国的许多地区还建造了一个个修道院。最终,基督教成为罗马帝国的官方宗教,使得现今之欧洲以及部分亚洲地区成为基督信仰占主体的地区,生活在这些地区的犹太人由于不接受基督信仰而常受到孤立和迫害。即便在罗马覆灭后,实际上是西罗马帝国覆灭后,基督教会依然留存。事实上,在数百年的时间内,欧洲政府的大部分职能都是在基督教会的基础上恢复的。

> **词语解释**
>
> **弥赛亚** 弥赛亚是希伯来语"Mashiach"的音译,意为"受膏者"。"耶稣基督"则是"受膏者约书亚"的希腊语表达。犹太人以及基督徒对于弥赛亚有不同的看法。犹太人心中的弥赛亚是一位尘世救世主,受上帝指派为世界带去正义与和平。而基督徒理解的弥赛亚则是一位神圣救赎者,是上帝在人间的现身。

基督教在东罗马帝国的范围内也从未中断,尽管形式稍有不同。拜占庭皇帝成功维系东罗马帝国整整1000年。不过在此期间,东罗马帝国的疆域不断变化,一会儿大,一会儿小,某种程度是由于一个全新信仰的出现,而该信仰在短时间内迅速变得强大且具影响力。

伊斯兰教的诞生

伊斯兰教创始人穆罕默德于公元570年前后出生在阿拉伯半岛的麦加,是古莱什部落的一员。同对摩西和耶稣一样,我们对他的童年知之甚少。不过,我们能够确定的是穆罕默德在25岁时娶了一位名叫赫蒂彻的寡妇，而赫蒂彻是一名成功的商人。

穆罕默德时不时会进入麦加城外一个洞穴进行默祷，祈求指引。根据伊斯兰教之说，穆罕默德40岁那年，一次在洞穴中默祷时，神奇地见到天使吉布列，吉布列用阿拉伯语向他传达安拉的旨意。之后，穆罕默德持续收到安拉的启示，认为自己已被选为先知，因而制定出一套据他称是安拉启示给他的行为规范。那些接受穆罕默德教义的人后来被称作穆斯林，他们信仰的宗教被称作伊斯兰教。伊斯兰在阿拉伯语中的含义为"顺从安拉的意愿"。穆斯林把穆罕默德视为最后且最完美的先知。

> **词语解释**
>
> 安拉 安拉是真主的阿拉伯语发音。阿拉伯人经常说"印沙安拉"（inshallah），意思是"如蒙天佑"，暗示生活中任何事情都是真主旨意的表达。

进一步了解

闪米特人（Semite）一词最早出现在18世纪晚期，指诺亚儿子闪的后裔。如今，该词通常指使用闪族语言的人。

然而，术语反犹主义者（anti-Semite）或反犹主义（anti-Semitic）通常指排挤犹太人的言语或行动。

阿拉伯人遍布整个中东和北非地区，但之所以被称作阿拉伯人，是因为其长期存在于阿拉伯半岛——现今的沙特阿拉伯。大多数阿拉伯人是穆斯林，也有些人是基督徒或者其他信仰的教徒，而包括伊朗人和印度尼西亚人在内的大多数穆斯林都不是阿拉伯人。

神圣的《古兰经》

穆罕默德归真后,他的追随者记录下先知传授的神圣启示,这些记录下的内容被称为《古兰经》。由于《古兰经》的作者被认为是安拉,因而该书被视为绝对正确。在穆罕默德归真后的几百年,伊斯兰教的律法被编辑整理成"沙里亚"(Sharia,伊斯兰教法,即阿拉伯语中"道路"的意思)和"哈底斯"(Hadith,即与穆罕默德言行相关的教义)。沙里亚对穆斯林生活做出规范,其中一部分在《古兰经》中有明确提及。这些法规被视为安拉意愿的表达,但伊斯兰学者可以对其进行诠释。

进一步了解

麦加是穆罕默德的出生地,被认为是穆斯林最神圣的城市。穆斯林在日常祷告时会面朝圣地麦加,并在有生之年有义务进行一次朝圣之旅。麦地那被视为伊斯兰教第二神圣的城市。

像早期的基督徒一样,穆罕默德和他的追随者因为信仰受到迫害。当得知有人计划谋杀自己后,穆罕默德带着追随者于公元

622年离开麦加,前往一个当时叫叶斯里卜的绿洲。为了纪念穆罕默德和该城的联系,叶斯里卜后被改名为麦地那,意为"先知之城"。这次远离麦加迫害的逃亡被称作"圣迁"。

当时的麦地那有相当数量的犹太人。他们很可能是公元70年第二圣殿被毁后遭罗马人驱逐出的犹太人后裔。他们原先生活在日后被称为巴勒斯坦的犹地亚地区,后迁移至此地。穆罕默德尊重犹太人,其早期教义和犹太传统十分相似。但是,当犹太人不接受他为先知后,穆罕默德开始弱化犹太教对其信仰的影响。例如,他将礼拜的朝向从面对耶路撒冷改为面对麦加,将星期五作为每周的特别礼拜日,并且抛弃犹太人的饮食法(除了禁食猪肉这一条)。穆罕默德的影响力越来越大,他与麦地那的犹太社团发生了冲突,并最终驱逐了其中两个。穆罕默德的军队还杀害了另一个犹太社团中的所有男性成员,并把其中的女人和孩子当作奴隶出售。

以色列面孔

陶菲克,16岁,在以色列东北部的阿拉伯城镇泰拜出生并长大。他是一个阿拉伯裔以色列人,有三个兄弟一个姐姐。陶菲克喜欢和朋友在学校踢足球。他最喜欢的 B'nei Sa-khnin 球队同时拥有犹太球员和阿拉伯球员。2004年,B'nei

Sakhnin 首次夺得以色列足球冠军，他为此感到无比自豪。

陶菲克喜欢玩电脑，每天花很多时间在网上与其他以色列人以及周边国家的阿拉伯人聊天。陶菲克希望未来能学习计算机工程并去国外旅行。

创建帝国

公元 632 年穆罕默德去世后，他的追随者向阿拉伯半岛以外地区扩张，继而建立起了一个横跨中东（包括以色列地）、北非至西班牙的大帝国。公元 638 年，巴勒斯坦地区的犹太人帮助穆斯林军队打败波斯人，因为波斯人此前违背了保护犹太人并允许他们重新定居耶路撒冷的协议。为了回馈犹太人的帮助，穆斯林允许犹太人重返耶路撒冷。

圣书之民

穆斯林每征服一个地区，当地人通常选择皈依伊斯兰教。他们或是因为接受《古兰经》的教义，或是不想面对非穆斯林所受到的限制。有时被征服地区的人只能在死亡和皈依伊斯兰教之间做出选择。然而，犹太人和基督徒享有不同的待遇。这是由于穆斯林将他们视为遵循圣典教义的"圣书之民"。因而犹太人和基督徒被允许保持自身的信仰，但属于一类被称为"迪米"的特殊群体。

尽管穆斯林征服者的确会保护迪米，但并不总是善待他们。事实上，迪米被认作异教徒——没有皈依伊斯兰教的人——穆斯林统治者期望他们接受真正信仰者，即穆斯林的优越地位。在不同国家，犹太人的待遇有所不同，但犹太人通常被排除在公职和军队以外，并被禁止拥有武器。他们不能大声祷告，因为这样可能会骚扰穆斯林。他们不能骑马或骑骆驼，修建的犹太会堂不能高于清真寺，建造的住房不能高于穆斯林住房，并不准在公共场合饮葡萄酒。

词语解释

迪米 迪米是一种分类，授予伊斯兰国家的基督徒和犹太人以特殊地位。穆斯林对犹太人和基督徒持有特殊的敬意，并且承认摩西和耶稣为先知。迪米（意为保护）虽然给予迪米人一些其他少数族群不拥有的权利，但仍然明确他们的地位低于穆斯林。

直击史料

巴格达统治者穆克塔迪下令，每个犹太男人须在帽子上佩带黄色标志。除了头上的标志外，脖子须悬挂银币。他还强迫每个犹太男人在腰间系一条醒目的腰带。每个犹太女人必须穿一只红色的鞋和一只黑色的鞋。不仅如此，她们还必须在脖子上或鞋子上戴一个小铜铃铛的饰物，为的是以铃铛声区分犹太女人和穆斯林女人。

——描述11世纪犹太人的境遇，引自诺曼·斯蒂尔曼《阿拉伯土地上的犹太人》（*The Jews of Arab Lands*）

> **进一步了解**
>
> 《古兰经》里有提倡宽容的表达,还特别赞美过着高尚生活的犹太人和基督徒,声明他们会得到主的回报。

总体来说,比起生活在欧洲基督国家的犹太社团,生活在伊斯兰国家的犹太社团受到的待遇要好很多。在不同时期,生活在伊斯兰国家的犹太人能够享受相对平静的生活,并在文化和经济方面繁荣兴旺。不过,他们对来自阿拉伯人和穆斯林的迫害、羞辱也并不陌生,他们的社会地位从未有过保障。政治和社会变化通常导致对犹太人的迫害、暴力和杀戮。

> **进一步了解**
>
> 在950～1150年的穆斯林统治时期,犹太社团为西班牙的哲学、科学、数学、医药以及其他领域做出了许多重大贡献。这段时期也被称作"西班牙犹太人的黄金时代"。

十字军运动

1095 年，当教皇乌尔班二世号召基督徒从"异教徒"手中夺回耶路撒冷时，犹太人和穆斯林发觉他们面对的是一个共同的敌人。成千上万基督徒，即人们所熟悉的十字军，响应教皇的号召，攻击该地区的穆斯林和犹太人，并在 1099 年攻占了耶路撒冷。十字军几乎杀害了生活在耶路撒冷的所有居民——穆斯林、犹太人甚至一些基督徒。随后非基督徒被禁止进入耶路撒冷。

1174 年，埃及的统治者萨拉丁发动战争，旨在控制该地区。他号召所有的穆斯林兄弟参战，一同将基督徒驱除出圣地。萨拉丁的军队被基督徒称作"撒拉逊人"。他们于 1187 年夺回耶路撒冷。基督教尝试再次收复耶路撒冷，但以失败告终。至此，基督教在中东的统治宣告结束。

进一步了解

十字军东征是西欧基督教会发起的针对穆斯林的一系列军事行动，意在夺回他们心中的圣地，即耶稣曾经生活和受难的地方，也是基督教会兴起的地方。第一次十字军东征发生在 1095~1099 年。中东地区的第九次也是最后一次十字军东征发生在 1271~1272 年。

尽管 200 年来一系列十字军东征行动让巴勒斯坦饱受战争的蹂躏，但犹太人依然坚守此地。11 世纪，包括拉姆拉、提比里亚、加沙、阿什克隆、凯撒利亚和耶路撒冷在内的至少 50 个城市均有犹太人居住。在基督教最终被打败后，穆斯林统治者重返巴勒斯坦，对该地区的犹太人而言，接下来的 700 年是一个相对平静的时期。他们人数稀少，总体上被视作迪米而受到巴勒斯坦历任穆斯林统治者的宽容对待。

第四章
犹太复国主义运动的兴起

十字军运动至19世纪的这段犹太流散史错综复杂。其间，众多犹太思想家游历至以色列地并留在那里，其中包括西班牙犹太拉比、圣经评注家摩西·本·纳赫曼（他也被称作纳赫曼尼德斯或拉姆班）。

在世界各地众多犹太社团中，犹太人创造力旺盛，同时思想也受所在国家文化的影响。例如，许多与犹太普珥节相关的习俗就源自基督教德国。不过，在这期间，很多犹太人受到迫害、被不公平地征税并且被禁止从事各种职业。意大利宗教改革期间，犹太人不得成为律师、药剂师、画家、政治家或建筑师。1492

> **词语解释**
>
> **集体迫害** 集体迫害一词指的是对少数族群进行有组织的杀戮及财产剥夺行为。该词通常用来指对犹太人的迫害，尤其指19世纪80年代以及随后几十年发生在俄国的针对犹太人的一系列杀戮行径。

年犹太人被整体逐出西班牙。18世纪部分时间犹太人则不可进入像布拉格这样的个别城市。

多年来，尽管遭遇所有这些不幸，犹太人依然活跃在很多领域，成为银行、医药和哲学等行业的引领者。不过，也有许多犹太人发觉，无论他们多么努力，总无法融入当地社会。有些感到难以保持犹太人特点的人掩饰自己的犹太身份；另外一些则完全不再践行犹太传统习俗。

直击史料

在本诏书中，我们进一步命令所有住在我们领土上的犹太男人和犹太女人，不管什么年纪，都必须在今年7月底之前带上子女，带上仆人，带上远亲或近亲，老老少少全部离开我们的土地，并且不得再返回，不得再踏入我们领土一步。如果在我们王国和领土内发现任何不服从此诏书的犹太人或者任何返回的犹太人，则一律判处其死刑，并没收其所有财产。

——1492年下令驱除西班牙境内的犹太人

选自《阿兰布拉诏书》

但纵观历史，犹太人深知自己是无法摆脱犹太人身份的。当他们过于成功时，通常就会受到迫害，并被强制逐出自己的家园。当基督徒和其他信仰者需要将自身麻烦归咎他人时，犹太人通常是他们的替罪羊。有时宗教领袖会教导信徒怨恨与之信仰不同的人，而犹太人则总是不同的那群人。结果，在欧洲，即便是已经同化的犹太人也通常是遭受迫害，甚至集体迫害，以致最终成为纳粹屠杀的对象。

虽然千百年来麻烦重重，犹太人却从未放弃重返家园的希望。事实上，随着他们认识到身处异乡，在不能获得公民权的国度，自己是不可能自由自在生活的，他们建立家园的渴望就愈发强烈。

犹太复国主义思想

19世纪，犹太启蒙思想家开始就犹太人是否应该有一个可以掌握自身命运的家园这一问题进行争辩。他们认为犹太人理想的安居地就是位于以色列地的故土。

直击史料

1878年，纳夫塔里·赫尔茨·伊姆贝尔写下"希望之歌"的歌词，表达了犹太人对于在家园获得自由的渴望。这首歌后来成为以色列国歌：

> 只要我们心中
>
> 还藏着犹太人的灵魂
>
> 只要犹太人的眼睛
>
> 还望着东方的锡安山
>
> 两千年的希望
>
> 就不会化为泡影
>
> 我们将成为自由的民族
>
> 屹立在锡安山和耶路撒冷

随着犹太人开始离开欧洲前往巴勒斯坦，犹太复国主义成为一项政治运动。它由维也纳记者西奥多·赫茨尔牵头。赫茨尔曾亲眼见证出现在法国的反犹恶行。当时一位叫阿尔弗雷德·德雷福斯的犹太人因莫须有的罪名被送进监狱。该事件使赫茨尔确信，如果犹太人在法国这样经历了启蒙运动洗礼的国家都不安全，那么在其他地方就更不会安全，除非生活在自己的家园。

赫茨尔认识到犹太民族和其他民族一样有独特的文明和语言，应当在自己的家园拥有民族自决权。他在《犹太国》一书中描绘了组建这样一个国家的蓝图。赫茨尔同时创立了世界犹太复国主义者协会（WZO）推进这项运动。1897年，世界犹太复国主义者协会在瑞士巴塞尔召开第一次代表大会，宣布犹太复国主义运动的目标是在巴勒斯坦创建一个犹太人的家园。

你可知道

西奥多·赫茨尔（1860~1904）

赫茨尔出生在匈牙利布达佩斯，是一位无宗教信仰的犹太人。他曾是维也纳报社驻巴黎记者，在报道德雷福斯事件期间逐渐关注反犹主义。赫尔茨通过他的个人魅力、政治策略，以及同有影响人士的关系，使得原本四分五裂、势单力薄的犹太复国主义运动能够团结一致并充满活力。

1897年，赫茨尔主持第一届犹太复国主义者代表大会，并成立世界犹太复国主义者协会，此后担任该协会主席直至辞世。赫茨尔在任初期，曾有意接受英国提出的将乌干达作为犹太人临时家园的方案。但后来他认识到犹太国只能建立在以色列地上。

赫茨尔在复国梦想实现的近半个世纪前就已去世，但他的遗骨在1949年9月18日被运回以色列，并安葬在耶路撒冷的赫茨尔山上。

犹太复国主义运动的类型

就在赫茨尔通过领导政治运动以获得国际社会对创建犹太人

家园认可的同时，其他犹太复国主义者开始关注重建犹太民族的不同方面。比如，务实的犹太复国主义者专注犹太人在以色列地的定居。宗教的犹太复国主义者认为犹太家园应建立在犹太律法的基础上。社会主义犹太复国主义者对公共生活、社会公正以及平等方面特别感兴趣。劳工犹太复国主义者强调耕种土地和贴近自然的重要性。文化犹太复国主义者赋予犹太人身份和犹太历史更高的价值。弥赛亚犹太复国主义者则认为建立犹太国能加快弥赛亚时代的到来。还有一些基督徒也是犹太复国主义者的拥护者，认同犹太人有权在自己家园上生活并主宰自己的家园。

进一步了解

德雷福斯事件始于1894年。当时阿尔弗雷德·德雷福斯是法国军队的一位犹太裔军官。他受到指控，称其将法国军事秘密文件泄露给驻法国的德国大使馆，并因叛国罪被判处终身监禁。1896年，法国军事情报局的负责人发现真正的叛徒其实是另一位法国官员，但相关证据被军方刻意隐瞒了。

德雷福斯的支持者于是要求重新调查此案，而反对者则坚持认为德雷福斯和他的支持者都是叛国者。他们对德雷福斯和犹太社团的攻击通常植根于反犹主义思想。目睹犹太人在"经过启蒙的"法国受到这样的指控以及不公正的待遇，西奥多·赫茨尔断定反犹主义已无可救药，而能保证犹太人安全的唯一地方则是属于他们自己的国家。

终于，德雷福斯案件得到重新审理，但这一次他仍被判有罪。不过不久后，德雷福斯被赦免释放。直到1906年法国最高法院才撤销二审判决，正式宣告德雷福斯无罪。

然而，一小部分犹太人由于担心受到对所在国不忠的指控，采取了反犹太复国主义运动的立场。另一些人反对犹太复国主义运动则是基于宗教原因。他们认为只有在弥赛亚到来之后犹太人才能重返家园。许多欧洲犹太人选择移民美国而非以色列去追寻其他机会。在美国，路易斯·布兰戴斯提出犹太复国主义者并不是非要生活在以色列。他提出的犹太复国主义者的理想与美国人的理想是相似的，一个人完全可以同时是好犹太人、好美国人和犹太复国主义者。

犹太人与以色列地的联系

犹太人与以色列地有三重重要联系，分别是经典、历史和精神。精神联系曾支撑犹太人度过长达数世纪的流散岁月,滋养他们熬过迫害时期。

如今,生活在美国或其他国家的犹太人,甚至可能完全没有意识到将自己与以色列地连接在一起的宗教纽带。例如,许多犹太节日的庆祝都是基于以色列的地理和文化:住棚节、逾越节和七七节,这些《圣经》上提及的节日对应以色列的收获季节。每年的哈努卡节,人们都会讲述古代以色列玛喀比家族反抗希腊人的故事。植树节定在以色列树木发芽之际,流散地犹太人进行降雨祷告则是在以色列的雨季期间。

> **词语解释**
>
> **犹太复国主义** 犹太复国主义是1890年由奥地利记者内森·伯恩鲍姆创造的一个术语。该词源于耶布斯人在耶路撒冷的据点——锡安(Zion)。大卫王统治时期,锡安成为耶路撒冷的象征。犹太复国主义的目标是复兴犹太民族在其祖先故土上的政治生活以及精神生活。犹太复国主义者则是支持这一宗旨的人。对于一些人而言,真正的犹太复国主义者应移居至以色列生活。

耶路撒冷的重要性

以色列古都耶路撒冷是两座犹太圣殿曾经伫立的地方。根据《列王纪》的记载,第一圣殿(也叫所罗门圣殿)作为犹太祭祀中心长达400年,存放着包括十诫石板在内的约柜。根据古代史料,公元前586年,在巴比伦人洗劫耶路撒冷、摧毁第一圣殿、流放了大部分犹太人后,约柜不知去向。

> 即使有一天我被自己的国家抛弃,以色列的存在也让我有地方可去。这是我祖先的土地,是犹太民族的土地。
> ——娜塔莉,16岁
> 密歇根州布卢姆菲尔德

直击史料

1968年，在哈佛面对一名学生用言语攻击犹太复国主义时，马丁·路德·金回应道："人们在谴责犹太复国主义者时，其实是在谴责犹太人。你的话就是反犹主义。"

大约70年后，波斯人横扫并征服了该地区，犹太人得以重返以色列地。他们重燃信仰，在恢宏的所罗门圣殿原址上重建圣殿。第二圣殿后来在犹太希律王时期得到大规模扩建，一直是犹太宗教生活的中心，直到公元70年被罗马人摧毁。

自那时以来，即使绝大多数犹太人已被逐出耶路撒冷，该城还是犹太民族与以色列地之间精神联系的中心。2000年来，犹太人一天三次祈祷回归耶路撒冷，一再吟诵《诗篇》里的誓言："耶路撒冷啊，若我忘记你，让我的右手不能使用。"（《诗篇》137：5）

你可知道

亚伯拉罕·伊扎克·库克（1865～1935）

库克出生在拉脱维亚，1904年移居巴勒斯坦，并成为雅法地区的犹太拉比。库克早期对犹太复国主义运动的狂热支持脱离了传统的犹太教正统派思想，促成现代宗教犹太复国主义的形成。库克在第一次

世界大战后被任命为耶路撒冷大拉比，在 1921 年被任命为巴勒斯坦的第一任大拉比。

犹太人祈祷时，总会面朝耶路撒冷。犹太人结婚之时，新郎会踩碎一只玻璃杯来纪念圣殿的毁灭。许多犹太人在犹太历提别月的第十天禁食，象征巴比伦人围攻耶路撒冷的开始；在犹太历搭模斯月的第十七天禁食，以铭记罗马人攻破耶路撒冷城墙之时；在犹太哀悼日禁食，悼念圣殿的毁灭。犹太历中现代新增的一个节日是耶路撒冷日，即犹太历以珥月的第二十八天。耶路撒冷日是纪念 1967 年的这一天，以色列军队在六日战争中重新统一耶路撒冷。

进一步了解

穆斯林认为，在《希伯来圣经》中亚伯拉罕准备祭献以撒的地点，也就是圣殿后来伫立的地点，穆罕默德在那里经由天使吉布列的带领登宵。公元 691 年，岩石圆顶殿在此建成，该地如今被称作圣殿山。岩石圆顶殿常常被误解为清真寺，而实际则是圣地。

穆罕默德命令其门徒拜访同样坐落于圣殿山的"远寺"。这座被称作阿克萨的清真寺是伊斯兰世界继麦加和麦地那之后第三神圣的地方。

奥斯曼帝国统治

犹太复国主义者在 19 世纪开始倡议重建犹太人的家园，但他们看中的土地，即古以色列地，当时是奥斯曼帝国的一部分。自 16 世纪初土耳其穆斯林战士横扫中东，吞并现今埃及、叙利亚、西阿拉伯半岛地区以来，古以色列地就一直隶属奥斯曼帝国。

> **词语解释**
>
> 犹太教正统派　犹太教正统派坚持遵循《塔木德》及其他拉比文献对《托拉》的传统解读，严格遵守其中的律法准则。正统派犹太人认为《托拉》是上帝的启示。

起初，奥斯曼帝国对犹太人较为宽容。在巴勒斯坦地区的众多犹太社团，尤其是生活在耶路撒冷、提比里亚、希伯伦以及采法特的犹太社团欣欣向荣。不过，不久土耳其人只将巴勒斯坦地区视为一税收来源地。像前任统治者一样，他们忽视该地区的发展，却向生活在那里的犹太人施加沉重的税负。忽视和压迫造成的负面影响逐渐显现，到 17 世纪末，那里的犹太人口已减少至 7000 人左右。

直到 19 世纪末，正统派犹太人和第一批来自东欧的犹太复国主义者向巴勒斯坦移居，该地区的犹太人口才开始恢复。这些成千上万的犹太移民大多是为了躲避发生在欧洲和俄国的反犹主义。巴勒斯坦地区第一个现代犹太定居点建于 1878 年，名叫佩塔提克瓦。

19 世纪 80 年代，约 2 万犹太人移民以色列。这一移民潮被称为第一波阿利亚。阿利亚在希伯来语中意为"上升"或"向上",喻指犹太个体或群体移居以色列的举动。

你可知道

阿哈龙·大卫·戈登（1856~1922）

阿哈龙·大卫·戈登通常简称A.D.戈登，出生于俄罗斯。尽管他之前没有从事体力劳动的经验，但在47岁时决定移居巴勒斯坦当一位农民，并最终定居以色列首个基布兹——德甘尼亚。

戈登以其哲学思想闻名天下，提出体力劳动以及农业生产是精神生活的来源，而耕种土地不仅对个人、对整个犹太民族都是一项神圣的任务。他认为，农业可以用土地团结犹太人，并使犹太人在该地的持久生活具有合法性。

戈登说："以色列地是通过劳动获得，而不是通过战争或鲜血获得。"戈登激发了一代劳工犹太复国主义者。

早期拓荒者

20世纪初，俄国爆发的一系列集体迫害犹太人事件引发了第二波移民潮（第二波阿利亚），有 4 万犹太人在 1904～1914 年移民以色列。这批拓荒者创办报社，创建首个保护犹太人不受阿拉伯人攻击的防卫组织，并大力复兴希伯来语。希伯来语在这之前的无数代犹太人中只限于祷告礼拜，此时却成为人们的日常用语。早期移民中有许多社会主义犹太复国主义者，他们发起成立了第一批农业集体定居点——基布兹。

基布兹

基布兹是一种独特的组织形态。在那里人们在一种共享、合作的社团中共同生活、共同劳动。在传统的基布兹，成员共同拥有财产并对运营该集体负有平等的责任。依靠基布兹生活的人被称作基布兹人。他们推崇体力劳动的价值，相信自己正用双手建立一个新的以色列国。

以色列面孔

阿里埃勒，17 岁，是家族生活在提比里亚附近基布兹的第五代人。他的高祖父母是从东欧到以色列地耕作的拓荒者。阿里埃勒的祖父在独立战争中牺牲，他是以祖父的名字命名的。

阿里埃勒有一个姐姐和一个弟弟。他享受在基布兹和动物们在一起的工作，享受阅读。冬天他喜欢到附近的戈兰高地滑雪。在学校，阿里埃勒最喜欢的科目是生物和滑雪。他希望在服完兵役后去医学院念书。

尽管阿里埃勒热爱基布兹的集体生活，但他还是梦想能住到特拉维夫。在那里，他可以白天去海滩，晚上去俱乐部。

> **词语解释**
>
> **莫沙夫** 莫沙夫是以色列另一种独特的农业合作组织形态。在那里，农田归个人所有，每个人拥有其劳动所得。不过，莫沙夫的成员需共同负担设备购置费以及产品营销费用。

最初的基布兹致力于农业，成员轮流从事确保基布兹能够运转的各种工作——从喂食牲口、收获粮食到洗衣、做饭。孩子不和父母同住，而是住在属于他们自己的房子里。在那里，他们一起接受教育，轮流从事适合自己年纪的各种劳动。孩子从小就懂得劳动的价值和重要性，并接受每个人都必须完成自己任务的教育。

如今，大多数基布兹已经将业务从农业扩展到其他产业，如旅游业。基布兹还因接待世界各地想要体验独特生活方式的志愿者而久负盛名。

> 以色列是希望的灯塔，是合作、奉献和胆识共同成就的耀眼光芒……以色列向世人展示了沙漠所能呈现的美丽。
>
> —— 科里，20岁
> 新泽西州杰克逊

许多基布兹建有宾馆便利游客，现在还提供诸如游泳池、马场、网球场等休闲娱乐设施。大多数基布兹的集体生活理念已发生改变。如今孩子和父母在一起生活了，基布兹开始呈现出若干资本主义元素，譬如成员有了更多获取、拥有私人财产和个人财富的机会。

第五章
构建家园

20世纪初,移民巴勒斯坦的早期犹太拓荒者的心思集中在粮食生产和社团建设上。然而,犹太复国主义政治家则为争取在逐渐瓦解的奥斯曼帝国统治地区建立一个犹太家园而不懈奋斗。不过,就在犹太复国主义者推进家园建设的同时,一些欧洲国家,尤其是英国,开始争夺对该地区的控制权。随着第一次世界大战爆发,英国和法国下定决心肢解奥斯曼帝国,从而将自己的帝国版图扩张至中东地区。为了实现自己的目标,他们开始与犹太复国主义者和阿拉伯人就巴勒斯坦及其周边领土进行谈判,寻找获得控制权的途径。

哈伊姆·魏茨曼作为一位出生在俄罗斯的英国人,是犹太复国主义运动的领导人。他想方设法说服英国人支持在巴勒斯坦创建一个犹太国。尽管英国人有意帮助犹太复国主义者，但主要还是出于私心。他们尤其希望美国犹太人在看到英国有意协助犹太人建立家园后，会敦促美国领导人加入第一次世界大战对抗德国的阵营。1917年11月2日，英国发布外交大臣阿瑟·贝尔福爵士致罗斯柴尔德勋爵的一封信，该信被称作《贝尔福宣言》：

> 英皇陛下政府赞成犹太人在巴勒斯坦建立一个民族国家，并会尽力促成此目标的实现。但要明确说明的是，不得伤害已经存在于巴勒斯坦的非犹太民族的公民和宗教权利，以及犹太人在其他国家享有的各项权利和政治地位。

你可知道

哈伊姆·魏茨曼（1874~1952）

魏茨曼于1874年出生在俄罗斯莫托利，曾先后在瑞士和德国攻读生物化学。1905年，他移居英国并当选犹太复国主义总理事会理事。一战期间，魏茨曼因向盟军提供科学协助而与英国领导人有较为密切的接触，从而在促成《贝尔福宣言》过程中发挥了关键作用。1921年，魏茨曼当选世界犹太复国主义组织的主席。

大约 30 年后，1947 年，魏茨曼致函联合国巴勒斯坦特别委员会，影响美国总统哈里·杜鲁门承认以色列。1949 年，魏茨曼成为以色列第一任总统，并担任该职位直到 1952 年辞世。如今，以色列最重要的科研机构就是以他的名字命名的。

不过，英国人同时认为，要想打败奥斯曼帝国，还需要阿拉伯半岛的阿拉伯人协助。于是就在他们向犹太复国主义者做出以上承诺的同时，他们向阿拉伯重要领导人也做出相关承诺。英国派往埃及的高级专员亨利·麦克马洪爵士与阿拉伯领导人侯赛因·伊本·阿里展开了私下协商。他承诺如果伊本·阿里愿意发动人民起义反抗奥斯曼帝国，阿拉伯人即可在被土耳其人夺走的领土上获得独立。伊本·阿里对此表示赞同，随之和他的部分追随者加入了反抗土耳其人的起义，从而导致奥斯曼帝国崩溃。

进一步了解

阿拉伯人和巴勒斯坦的联系始于 7 世纪穆罕默德去世后。多数巴勒斯坦的阿拉伯人于 19 世纪末 20 世纪初迁入此地。

> **直击史料**
>
> 我确信这份宣言将向你保证：大英帝国认同其阿拉伯朋友的强烈愿望，双方将因此建立坚固持久的联盟。该联盟的直接结果是将土耳其人驱逐出阿拉伯国家，从而解放在土耳其人沉重枷锁下生活多年的阿拉伯人。
>
> ——选自亨利·麦克马洪致侯赛因·伊本·阿里的信件

瓜分奥斯曼疆土

直到1918年第一次世界大战结束，犹太人和阿拉伯人都以为自己获得了英国人所承诺的巴勒斯坦治权。犹太人拿出《贝尔福宣言》作为依据，阿拉伯人则声称麦克马洪与伊本·阿里的来往信件可证明他们要求独立的索求。然而，这些信件中却只字未提巴勒斯坦。英国人之后向阿拉伯人解释他们的承诺并不包括巴勒斯坦，而英国人和法国人战后私下达成的瓜分奥斯曼疆土的协议则使得事态进一步复杂化。

托管机制

1920年4月24日，在圣莫雷召开的一次会议上，意大利、

地图说明：

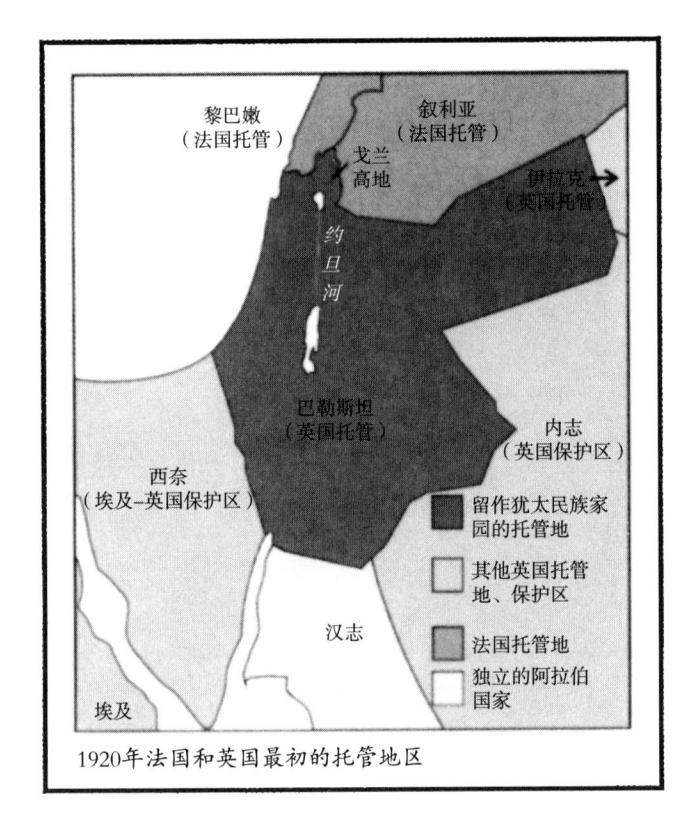

- 黎巴嫩（法国托管）
- 叙利亚（法国托管）
- 戈兰高地
- 伊拉克（英国托管）
- 约旦河
- 巴勒斯坦（英国托管）
- 内志（英国保护区）
- 西奈（埃及-英国保护区）
- 汉志
- 埃及

图例：
- 留作犹太民族家园的托管地
- 其他英国托管地、保护区
- 法国托管地
- 独立的阿拉伯国家

1920年法国和英国最初的托管地区

法国和英国公布了它们之间的协议，创建托管机制，该机制授权法国和英国控制前奥斯曼疆土。法国被授权托管叙利亚和黎巴嫩，英国则获得对伊拉克和巴勒斯坦的委托治理权。1922 年 9 月 23 日，国际联盟宣布英国托管巴勒斯坦正式生效。

英国官员十分清楚，许多阿拉伯人，尤其是那些参与推翻土耳其人统治的阿拉伯人，曾期待在战争结束后建立一个独立的国家，但托管机制和《贝尔福宣言》激怒了他们。最后，英国政府想尽一切办法安抚曾参与起义的阿拉伯领导人。为了回馈其中一位领导人并防止法国在该地区影响力的扩张，英国在约旦河东岸创立了一个覆盖历史上80%的巴勒斯坦领土的全新行省，称外约旦（Transjordan）。如今该地区大部分领土划归了约旦。

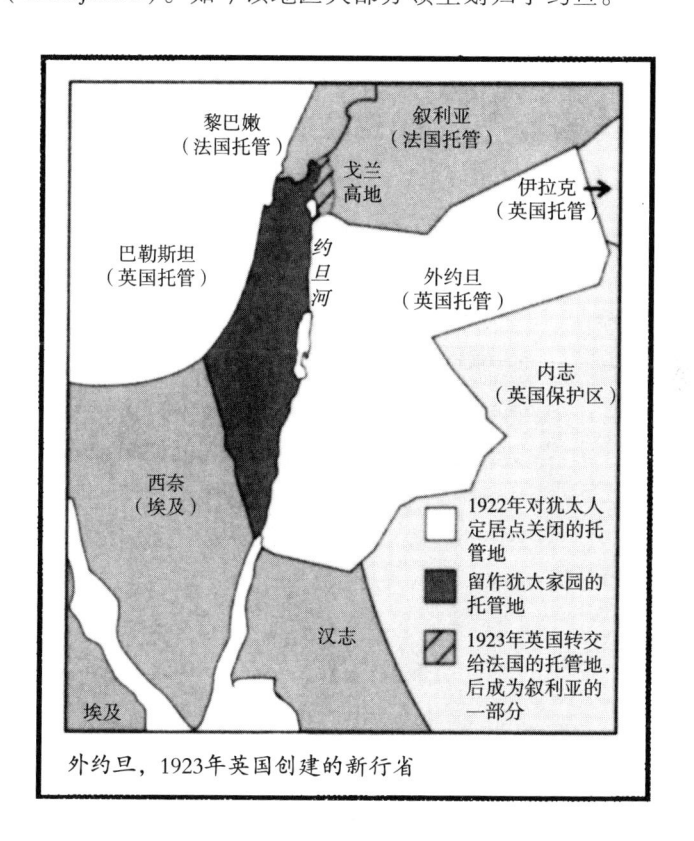

地图标注：
- 黎巴嫩（法国托管）
- 叙利亚（法国托管）
- 戈兰高地
- 伊拉克（英国托管）
- 巴勒斯坦（英国托管）
- 约旦河
- 外约旦（英国托管）
- 内志（英国保护区）
- 西奈（埃及）
- 汉志
- 埃及
- 1922年对犹太人定居点关闭的托管地
- 留作犹太家园的托管地
- 1923年英国转交给法国的托管地，后成为叙利亚的一部分

外约旦，1923年英国创建的新行省

不过，阿拉伯人不是唯一感到遭英国人背叛的人群，许多犹太人感到英国人在托管机制下没有履行自己的承诺。尤其令人愤怒的是，英国人还将他们原先计划作为犹太国的领土分割出最大一块给阿拉伯人新建立了一个外约旦国。尽管如此，英国人在一开始的确是真心实

词语解释

托管 托管是联合国前身国际联盟在一战后制定的一种政治管理体系，授权委任托管国治理前德国殖民地以及其他被解放的地区，其中包括曾经隶属奥斯曼帝国的部分中东地区。

意打算支持犹太人建立一个民族家园的。很多犹太复国主义者认为，英国人的支持给巴勒斯坦犹太社团带来了更大的政治合法性。

建立犹太人国家

> **词语解释**
>
> **犹太工总** 犹太工总指1920年创立的犹太工人总工会。作为一个工会联盟，该组织旨在为犹太工人的经济活动提供组织服务。犹太工总的目标是确保所有人的就业以及劳动安全。
>
> **犹太代办处** 犹太代办处成立于1929年，是犹太社团联系英国托管政府的官方代表，后逐渐成为影子政府。犹太代办处的领导人组成了1948年以色列第一届政府。以色列国建立后，犹太代办处专门负责处理国内以及国外犹太社团的日常问题。
>
> **伊休夫** 1948年之前的巴勒斯坦犹太社团被称作伊休夫。

在获得英国人正式支持的情况下，犹太人开始组建国家的组织架构，包括建立政治实体以便在社团的发展、乡村和城市的扩张，以及最重要的人口增长问题上做出决定。第一次世界大战结束时，对比60万阿拉伯人，巴勒斯坦地区的犹太人口只有6万。一战结束后，主要是俄国爆发的革命引发了第三波阿利亚，此次移民浪潮为该地区带来了另外4万犹太人。这一批犹太移民在国家建设方面贡献良多，他们抽干疟疾肆虐的沼泽地中的积水，建立城镇。在这期间，他们还成立了一支叫作"哈加纳"的地下军事自卫武装，以及首个犹太工人联盟——犹太工总。

20世纪20年代，主要是在波兰反犹主义和经济困难的共同作用下，巴勒斯坦犹太人口有了进一步增长。第四次移民浪潮带来约8万犹太人，且大部分是中产阶级。正是这批犹太移民在事实上推动了巴勒斯坦的经济建设。

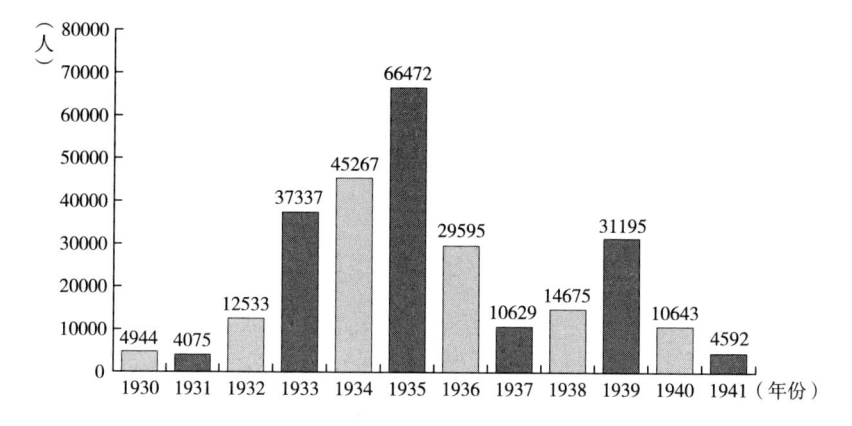

在欧洲对犹太人的迫害导致进入巴勒斯坦的移民潮（1930～1941）

最后一次大规模人口增长发生在 1929～1939 年的 10 年，25 万人口主要是从德国和东欧涌入巴勒斯坦的犹太移民。这批移民的到来很大程度上是由于阿道夫·希特勒对犹太人的迫害，其中不乏许多熟稔城镇和产业建设的专业人士。

阿拉伯人起义

面对不断增长的犹太人口，巴勒斯坦阿拉伯人感到了威胁。他们视这些移民为入侵其家园、偷走其土地的异族人。他们开始向土耳其人、后来向英国托管当局表达强烈不满。犹太复国主义者努力尝试与阿拉伯人谈判协商，以找到一种可以共存的方式，但均没能成功。在耶路撒冷穆斯林宗教领袖——哈吉·阿明·侯赛尼穆夫提的煽动下，阿拉伯人开始用暴力手段对付犹太人。

1920年以来，耶路撒冷穆夫提多次煽动针对犹太人的暴乱，旨在迫使英国人终结《贝尔福宣言》并限制犹太人向巴勒斯坦移民。1929年爆发的一场大规模骚乱导致了对犹太人的屠杀，被杀害的犹太人来自古镇希伯伦。据信犹太族长及女族长（亚伯拉罕和撒拉、以撒和利百加，以及雅各和利亚）都葬在那里。屠杀中幸存的犹太人逃离了该城，40多年没再返回。1936年，阿拉伯人发起一次时间更为持久的、持续了3年的起义。

> **词语解释**
> **穆夫提** 穆夫提是负责解释伊斯兰教法的穆斯林领导人，在穆斯林社团中地位很高。他的意见可以通过法特瓦文书形式传达给民众。

这些年来，每次发生阿拉伯人起义，英国人便会展开一次调查，派一调查委员会到巴勒斯坦倾听阿拉伯人对犹太人的指控，指控犹太人窃取他们的土地、将他们驱逐出巴勒斯坦。事实上，犹太复国主义者更喜欢购买廉价的土地。这意味着这些地方通常尚未开垦、多沼泽、无人定居。到1930年，犹太人拥有大约30万英亩的土地，其中近40%购买自外国地主，57%购买自当地大地主，只有不到1%是从阿拉伯小地主那购买的。虽然许多当地阿拉伯人抱怨犹太人，英国调查委员会却发现实际上犹太移民带来了更高质量的生活和更好的医疗，阿拉伯人事实上也因此受益。一些阿拉伯人更是选择移民至巴勒斯坦，而英国政府白皮书——英国政策声明——因提出削减犹太移民数量，受到阿拉伯人的欢迎。

分割巴勒斯坦

1937年，以皮尔勋爵为首的英国调查委员会得出结论，解决巴勒斯坦纷争的最好办法是将该地区分成一个阿拉伯国和一个犹太国。在英国官员看来，如果两个民族争夺一块土地，就应该将其一分为二。这项计划在英国官员看来十分合理，但遭到阿拉伯人的反对。他们声称绝不会与犹太人分享土地。以本-古里安为首的很多伊休夫领导人愿意接受该折中方案，但是其他一些犹太领导人则表示反对。他们认为犹太人有权在巴勒斯坦全部土地上建立犹太国。英国人只好搁置该项计划。

你可知道

哈吉·阿明·阿尔-侯赛尼（1893~1974）

哈吉·阿明·阿尔-侯赛尼是英国托管巴勒斯坦时期当地最著名的阿拉伯人士。阿明·阿尔-侯赛尼于1893年出生在耶路撒冷，第一次世界大战中加入奥斯曼军队。他于1919年开始组织阿拉伯人威胁犹太人，试图将犹太人驱逐出巴勒斯坦地区。1920年，他因煽动针对犹太人的暴乱而被英国人判处10年监禁。阿明·阿尔-侯赛尼因此逃至外约

旦，之后获得英国人赦免并被允许回到巴勒斯坦。

1921年，英国人任命阿明·阿尔-侯赛尼为耶路撒冷的穆夫提，希望对他的任命能够平息巴勒斯坦阿拉伯人的愤怒。但阿明·阿尔-侯赛尼却利用该职位逐渐扩张势力。在担任穆夫提期间，他最成功的项目是修复耶路撒冷的圆顶清真寺和阿克萨清真寺。

阿明·阿尔-侯赛尼曾力推巴勒斯坦和叙利亚的统一。他分别于1929年和1936年煽动针对犹太人的暴力活动和血腥骚乱。他的顽固态度迫使犹太复国主义者放弃了与巴勒斯坦阿拉伯人达成协议的努力。1936年的骚乱发生后，他被免去穆夫提职位并逃离巴勒斯坦。二战期间，阿明·阿尔-侯赛尼与希特勒勾结并大力动员穆斯林支持轴心国。正因如此，他再也没能回到巴勒斯坦，没能恢复之前的影响力。

> **词语解释**
>
> **哈加纳** 哈加纳为英国托管巴勒斯坦期间成立的一个地下犹太军事防卫武装，该组织最终发展为以色列国防军的核心力量。
>
> **伊尔贡** 伊尔贡（伊尔贡-茨瓦依-柳米，民族军事组织）是1931年在巴勒斯坦成立的地下犹太军事武装，负责对抗阿拉伯人和英国人。

其中认为皮尔分治计划背离《贝尔福宣言》的一位犹太领导人是泽夫·（弗拉基米尔）·雅布庭斯基。他是犹太复国主义修正派领袖，坚持犹太人有权在历史上的全部以色列地建立国家，其中包括之前被英国分割出去用以创建外约旦的土地。雅布庭斯基不相信英国人会兑现促成建立一个犹太国的承诺，认为犹太人必须通过自己的斗争赢得土地。雅布庭斯基的部分追随者脱离纯粹用于防卫的武装力量哈加纳，创立了一个更为好战的组织——伊尔贡，开始是对阿拉伯人，随后又对英国人进行反击。

英国人关闭巴勒斯坦的大门

在皮尔分治计划失败后，英国人重新实行限制犹太人购置土地及向巴勒斯坦移民的政策。尽管阿拉伯人继续起义阻止犹太复国主义运动的发展，但随着犹太人逃离纳粹德国以及德国进攻波兰正式引发第二次世界大战，巴勒斯坦的犹太移民数量在 1939 年翻了一番。

于是英国人发布一份新白皮书，宣称英国政府有意 10 年内在巴勒斯坦地区建立一个阿拉伯国。不仅如此，犹太移民数被限制在五年内不得超过 7.5 万人，之后未经阿拉伯人允许，犹太人不得再移民巴勒斯坦。该政策显然彻底背弃《贝尔福宣言》中的承诺，对成千上万试图逃离纳粹魔掌的犹太人而言无疑是判了死刑。

> **思考一下**
> 为什么英国人限制犹太人进入巴勒斯坦，尤其是在纳粹大屠杀开始之后？

英国推出这一举措部分原因是防止阿拉伯人在第二次世界大战即将爆发之际倒向德国。因为英国人明白，尽管犹太人感到新政策的背叛，但他们也绝不会去支持纳粹。英国人担心的是阿拉伯人与德国联盟，而事实上这正是一些阿拉伯人的当下之举。

你可知道
泽夫·(弗拉基米尔)·雅布庭斯基（1880～1940）

泽夫·(弗拉基米尔)·雅布庭斯基于1880年10月18日出生在俄罗斯敖德萨，13岁前往意大利和瑞士学习法律，之后曾在几家俄罗斯报纸担任记者。1903年，俄国发生迫害基什尼奥夫犹太人事件，该事件刺激雅布庭斯基开始从事犹太复国主义活动。

第一次世界大战爆发后，雅布庭斯基成为一名战地记者，随后在英军负责组建犹太部队即犹太军团，并最终担任犹太军团的中尉。

1920年，雅布庭斯基加入哈加纳武装，保卫耶路撒冷犹太人不受阿拉伯暴乱袭击，却因相关行动被英国人逮捕并判处15年苦役。该裁决遭到公众强烈抗议，雅布庭斯基于是被赦免释放。1925年，他建立犹太复国主义者修正派联盟，该组织呼吁在历史上包括外约旦在内的全部巴勒斯坦地区尽快建立犹太国。

1929年，他离开巴勒斯坦进行巡回演说被禁止回国。在巴勒斯坦之外的地方，雅布庭斯基领导了三个旨在建立犹太国并帮助犹太人移居以色列的组织。新犹太复国主义组织保持与政府和政治官员的联系，青年运动贝塔培养对犹太国的支持，而伊尔贡则作为军事武装与犹太复国主义事业的敌人进行抗争。

1940年，雅布庭斯基去世，他生前请求在犹太国建立后将其遗骨埋葬回以色列。他的请求于1964年在以色列第三任总理利维·艾希科尔手里获得批准。

在两个战场作战

巴勒斯坦犹太人内心无比撕裂。随着欧洲战火蔓延全世界，欧洲犹太人的命运越发不确定，于是巴勒斯坦犹太人决心与希特勒抗争。但同时，他们也无法接受英国人对《贝尔福宣言》的背叛。在此情况下，犹太社团领袖大卫-本-古里安发表声明："我们必须帮助英国人抗战，就如同白皮书不存在；我们也必须抵制白皮书，就如同战争没有发生。"

全世界许多犹太人投入了对抗纳粹的战争。1942年，来自不同犹太复国主义组织的参战者聚集在纽约的巴尔提摩旅馆，重申建立犹太国的决心，号召无限制移民巴勒斯坦。当纳粹屠犹的消息从欧洲传出，巴勒斯坦犹太人想尽一切办法将犹太移民偷渡至巴勒斯坦。然而，英国人也同样铁了心阻止超过限额的犹太人进入巴勒斯坦。

你可知道

汉纳赫·西纳什（1921~1944）

汉纳赫·西纳什是二战期间一位年轻的犹太复国主义女英雄。面对祖国匈牙利的反犹主义，她于1939年移居巴勒斯坦，并加入哈加纳的一个特殊部队。该部队将她空降至德军后方，开展营救盟军战俘和犹太游击活动。西纳什后遭到纳粹帮凶匈牙利警方逮捕和拷打。她在秘密法庭受到审判，并在1944年11月7日被行刑队枪决。她的尸体于1950年被重新埋葬至赫茨尔山。

词语解释

摩萨德 摩萨德（Mossad）全称为以色列情报和特殊使命局（Hamossad L'modi'in U'l'tafkidim Miyuchadim），即以色列政府情报机构。该机构最初是一个偷运犹太难民从纳粹统治下的欧洲进入以色列的组织，如今的作用是收集情报、执行秘密行动以及打击恐怖主义。

当犹太人在支援英国人抗击纳粹时，一些巴勒斯坦犹太人在反对英国人的斗争中变得愈发好战。一个叫作斯特恩邦（以该组织领导人亚伯拉罕·斯特恩而命名）或莱希（Lehi，希伯来语的首字母缩写）的分裂出去的犹太人团体开始了针对英国人的恐怖袭击活动，并于1944年在开罗暗杀了负责中东事务的英国国务大臣莫因爵士。此举进一步激怒了英国人。伊尔贡和莱希的暴力袭击行动遭到巴勒斯坦犹太领导人的谴责，后者依然坚持哈加纳主要是一支保护犹太社团免遭阿拉伯人攻击的防卫武装力量。

战后的斗争

第二次世界大战结束后，英国人明确表示不会践行《贝尔福宣言》。通过阻止纳粹大屠杀中的无国籍犹太幸存者进入他们认定的家园，英国人继续限制犹太人向巴勒斯坦移民。随着部分犹太人加强对英国人的攻击，要求建立犹太民族家园，该地区的暴力行动开始进一步升级。

最惨烈的一次袭击发生在1946年，伊尔贡炸毁了位于耶路撒冷大卫王酒店的英国军事指挥总部，导致包括犹太人和阿拉伯人在内的91人丧生。尽管伊尔贡领袖在此之前曾警告英国人即将发生的袭击行动，但并未引起英国人重视。

移民之难

通常载有犹太移民试图前往巴勒斯坦的船只不是被迫折返或沉入大海，就是船上的人员遭逮捕关进英国在塞浦路斯的监狱，其中最著名的是"1947年出埃及记号"事件。该事件被里昂·尤里斯的小说和随后的电影永久记录在案。1947年7月11日，一艘满载4500名犹太移民的轮船驶离法国，途中遭遇英国海军登船阻难，3名犹太人遭杀害，剩下的难民由英国的船只强行遣返至德国,这一幕令全世界深感震惊。

> ### 直击史料
>
> 成百上千的人半裸着拥挤在一个绿色茅房和一些钢板之间,看起来像被扔到野狗堆里。他们受困其中、迷茫无措,用不同语言向我们大声叫喊,撕裂彼此的话语。炎热的阳光穿过铁栏,在这些难民的脸上和半裸的湿热身体上投下清晰的光影。年轻女人在哺乳婴儿。老女人和男人则坐在一旁不加掩饰地流泪,他们十分清楚即将面临的是什么。
>
> ——记者鲁斯·格拉伯描述"出埃及记号"轮船被勒令返回德国后船上乘客的反应

但是英国人无法阻止每一个移民,犹太人回归自己家园的决心是如此强烈,以致他们有的长途跋涉走回去,有的通过偷渡的方式回去,有的则挤在飘摇的轮船货舱里回去。总之,为了回归"应许之地",他们想尽了一切可能的办法。1922~1948年,犹太移民总数——合法的和不合法的——共计约48万人,几乎全部来自欧洲。

联合国

巴勒斯坦的暴力事件和骚乱场面使英国人烦恼不堪。阿拉伯人对犹太人的袭击不断，如今犹太人也加以反击。此前，该地区的暴力事件并没有让生活在英伦三岛的英国人感到特别不安，因为大部分英国公民都远在纷争之外，而现在，犹太人也开始频繁袭击英国人。

1947 年 2 月，英国政府决定将巴勒斯坦问题移交联合国处理。联合国成立于 1945 年，是一个协助解决国家间冲突的国际组织。联合国派出一个代表团去调查犹太人与阿拉伯人之间的冲突，并倾听双方各自的立场。此时，巴勒斯坦阿拉伯人有 120 万，而犹太人只有 60 万——阿拉伯人占据大部分。犹太人口由于英国人的移民政策受到严重限制，而阿拉伯人则可以自由移民——成千上万的阿拉伯人也的确来到巴勒斯坦，坐享在 20 世纪前半叶因犹太复国主义者定居在那里带来的经济迅速发展的红利。

在对巴勒斯坦形势进行一番调研后，大多数联合国代表团成员得出和 10 年前皮尔相同的结论：解决纷争唯一公平的办法就是将巴勒斯坦分割为一个阿拉伯国和一个犹太国。

```
              黎巴嫩         叙利亚
                        戈兰高地
                                  伊拉克
                   撒玛利亚    外约旦
                        约
                        旦
                        河
                   犹地亚


        西奈
       （埃及）
                             沙特阿拉伯


                        ▨ 联合国计划的犹
                          太国
                        ▨ 联合国计划的阿拉
                          伯国
     埃及                 ■ 国际共管地带（耶
                          路撒冷）

     将巴勒斯坦分为阿拉伯国和犹太国的联合国分治计划；
     耶路撒冷将被宣布作为国际共管地带
```

分治方案的分歧

许多西方国家赞同该方案。希特勒的屠犹行径也使西方国家意识到犹太人的确需要有一个自己的民族家园。美国全力推动巴勒斯坦分治方案并积极游说各国支持该解决方案。

> **进一步了解**
>
> 如果不是美国的支持,联合国分治计划不会被通过。当时许多美国政府官员反对犹太国的建立——担心此举会破坏美国和阿拉伯国家的关系,危及美国石油供应——但总统哈里·杜鲁门支持犹太复国主义运动。他认为国际社会有义务实现《贝尔福宣言》中的承诺,为纳粹大屠杀的犹太幸存者提供一个家园。

然而,阿拉伯国家及其联盟则强烈反对该方案,坚决要求在巴勒斯坦建立一个单独的阿拉伯国。巴勒斯坦阿拉伯人发言人贾马尔·侯塞尼警告联合国,他们将通过斗争阻止犹太国的创建,并发誓会"为我们深爱的国家流尽最后一滴血"。

许多犹太人尽管不像阿拉伯人反应那么强烈,但对分治方案反响并不积极。他们认为英国人在创立外约旦时,犹太家园就已经遭到分割,如今他们还要被迫接受《贝尔福宣言》最初允诺土地的一部分作为国家领土。虽然计划分配给犹太人的是除去外约旦后60%的巴勒斯坦疆土,但大部分是内盖夫沙漠的贫瘠地带。犹太国的人口将由53.8万犹太人和39.7万阿拉伯人构

> **思考一下**
> 为什么阿拉伯人不愿意接受分治计划?

> **思考一下**
> 犹太人对英国托管巴勒斯坦当局的攻击是否正当？就此进行辩论并阐释你的观点。

成，而阿拉伯国将包含 80.4 万阿拉伯人和 1 万犹太人。

此外，联合国提出的该项分治方案还要求将耶路撒冷置于国际共管之下，以确保伊斯兰教、基督教以及犹太教的圣地可供民众自由进入。犹太人感觉到该方案是在强迫他们放弃犹太人古老的都城，而且还意味着居住在那里的 10 万犹太人将被隔离——生活在一个被阿拉伯国包围的国际共管地区。

方案获得通过

1947 年 11 月 29 日，联合国大会以 33 票赞成、13 票反对、10 票弃权通过巴勒斯坦分治方案。

尽管对于犹太复国主义者而言，这不是一个完美的结果，但他们决定接受该方案，因为这意味着犹太国的建立获得了国际社会的支持。

然而，阿拉伯人则坚持他们有权得到巴勒斯坦的全部土地，并且以不宣而战的方式阻止联合国决议的实施。

第六章
为独立而战

尽管英国仍然掌控着巴勒斯坦地区，但当联合国投票决定将巴勒斯坦划分为一个阿拉伯国和一个犹太国时，暴力事件几乎一触即发。阿拉伯人公开表明他们决心将犹太人逐入地中海，并且发誓将一直进行对犹太人的袭击。

从1947年11月29日到1948年4月1日，在这场不宣而战的战争第一阶段，巴勒斯坦的阿拉伯人对犹太人造成了严重伤亡并且中断了犹太人几乎所有的要道。为了饿死旧城中的犹太人，阿拉伯人在通往耶路撒冷的主要道路上设置障碍。在五个多月的时间里，犹太人一直同巴勒斯坦阿拉伯人以及从邻国潜入巴勒斯坦的阿拉伯游击队进行斗争。

尽管最初在人数、组织和武器方面都处于劣势，但犹太人还是在战斗中取得一些胜利。自 1948 年 4 月起，哈加纳占领了包括太巴列和海法在内的几座主要城镇，并暂时打通了通往耶路撒冷的道路。

进一步了解

同任何战争一样，犹太人和阿拉伯人的战争发生了许多可怕事件。其中最骇人听闻的是这样一起事件：伊尔贡和斯特恩邦攻占了一个叫代尔亚辛的阿拉伯村庄，该村庄俯瞰通向耶路撒冷的公路，巴勒斯坦人可以在此向前往围困中的耶路撒冷的补给车队开火。1948 年 4 月 9 日，伊尔贡和斯特恩邦袭击代尔亚辛，杀害了包括妇女和儿童在内的 100 多名阿拉伯人。

阿拉伯人指控犹太人犯下屠杀罪行，犹太代办处立即谴责这一袭击事件并表示道歉。阿拉伯人大肆渲染在代尔亚辛村发生的惨案，希望以此激起阿拉伯国家攻击犹太人。然而这一做法带来的最大后果却是引发了巴勒斯坦人的恐慌，导致他们纷纷逃离该地区。

关于代尔亚辛村事件的报道连续发布四天后，一支阿拉伯武装力量伏击了一个驶往哈达萨医院的犹太车队，包括医生、护士、病人和医院主管在内的 77 名犹太人遇害，另有 23 人受伤。

宣告独立

1948年5月14日,最后一批英国军队撤离巴勒斯坦,犹太社团领导层正式宣告以色列国独立。《以色列独立宣言》表明了这个新生国家对于自由和平等的承诺。

以色列国宣告独立仅11分钟后,美国率先承认这个新生的国家。而几小时后,五支来自埃及、叙利亚、外约旦、黎巴嫩和伊拉克的阿拉伯军队入侵以色列。

你可知道

"麦克"·马库斯(1902~1948)

马库斯是第二次世界大战时期的一位美国陆军上校。他前往以色列帮助犹太人建立一支能够保卫这一新成立的国家的军队。美国陆军部允许马库斯前往以色列,但前提是他不能使用自己的真实姓名和军衔。因此,他化名"麦克·斯通"为以色列新组建的军队设计指挥机构。

当以色列迫切希望进入被包围的耶路撒冷时，大卫·本-古里安任命马库斯为陆军准将，负责指挥耶路撒冷前线作战。马库斯战略性地采用类似"滇缅公路"的通道——一条穿过多山地区、连接主要公路的迂回道路，以绕过阿拉伯人的据点，确保以色列补给车队成功抵达耶路撒冷。7月11日签订的停火协议最终瓦解了耶路撒冷的困局。

不幸的是，不久之后，由于马库斯不会希伯来语，在通过检查站时没能回应适当的口令，意外地被一名以色列士兵开枪打死。日后，好莱坞根据马库斯的经历拍摄了电影《黑幕落下》。马库斯因此名垂青史。

以色列面孔

阿维娃，18岁，出生在荷兹利亚一个海滨小镇，喜欢数学和科学。闲暇时间，阿维娃会练习小提琴，在学校的弦乐四重奏乐团里担任小提琴手。来自数学世家的她，希望能够在军队从事计算机工作，然后能去海法著名科研机构——以色列理工学院学习工程学。

包括摩托罗拉和索尼在内的世界顶级高科技公司在她的家乡都设有研发机构，阿维娃希望有朝一日能够在其中某一公司担任软件工程师。阿维娃最终的希望是能够创业或者开发她自己的软件，就像为美国在线系统开发了即时通信服务的三个以色列人一样。

挣扎求生

以色列虽然已正式宣告独立,但她十分清楚要想存活下来仍需克服许多障碍。以色列领导人认为敌人人数远多于自己并配有远优于自身的装备(事实上,阿拉伯军队的规模比他们想象的要小,武器装备也有限)。在这场战争打响的前夕,首席行动指挥官以加勒·雅丁对以色列领导人大卫-本-古里安说:"我们所能告诉你的最好消息是:我们与对方各有50%的胜算。"

以色列宣告独立时,哈加纳有6000名受过训练的士兵,但其中只有60%的人配有武器并备战充分。

直击史料

以色列国将致力于为全体居民的利益而发展这个国家;以自由、正义、和平的理念作为自己的基础;它将在全体公民中维护彻底的社会和政治权利的平等,而不会因种族、信仰和性别而对公民加以区分;它将确保信仰、宗教、教育和文化的全部自由。我们也依然呼吁居住在以色列的阿拉伯人民,在拥有充分和平等的公民权利的基础上,为建设国家发挥他们的作用。

——选自《以色列独立宣言》

以色列无法指望美国提供更多的帮助。尽管美国坚决支持联合国的分治决议，但美国国务院仍担心与阿拉伯人为敌，因此不愿向犹太人提供防卫武器。部分外交官则希望美国拒绝提供武器的做法可以阻止犹太国的建立。总统杜鲁门出于避免战争发生的考虑，同意对该地区实施武器禁运。

但一些阿拉伯军队则可以轻松地获得武器。事实上，约旦的阿拉伯军团就是由英国人训练武装，并由一名英国军官领导的。

与此同时，联合对抗以色列的阿拉伯军队还有着数量非常庞大的后备人员。尽管在一开始他们动员的士兵数量与犹太人投入的士兵数量大致相当，但随着战争的推进，更多部队的加入，阿拉伯军队人数得到迅速扩大。不仅如此，阿拉伯人还将犹太国周边甚至是境内的阿拉伯城镇及村庄作为军事基地。至此，他们成功封锁了耶路撒冷旧城达五个月之久，并迫使最后一批犹太抵抗者在 1948 年 5 月 29 日投降。

赢得重要战斗

尽管困难重重，以色列军队最终还是扭转了对抗局面的劣势。有人认为这是因为阿拉伯国家并未将全部军事力量投入这场战争，而犹太人却设法偷运充足的武器来保卫自己，并逐渐形成更有效的战斗力量。犹太复国主义者明白，如果输掉这场战争，他们的复国梦就将破灭，他们所面临的将是灭顶之灾。终于，他们成功阻止了阿拉伯方面的攻击，捍卫了自己新生的国家，并于

1949 年促成了与阿拉伯邻国停战协议的签订。由于战场上的胜利,以色列得以控制联合国最初划定的双方边境线之外的部分领土,而这意味着阿拉伯此时控制的土地面积比发动攻击之前接受分治计划可控制的土地面积更少。

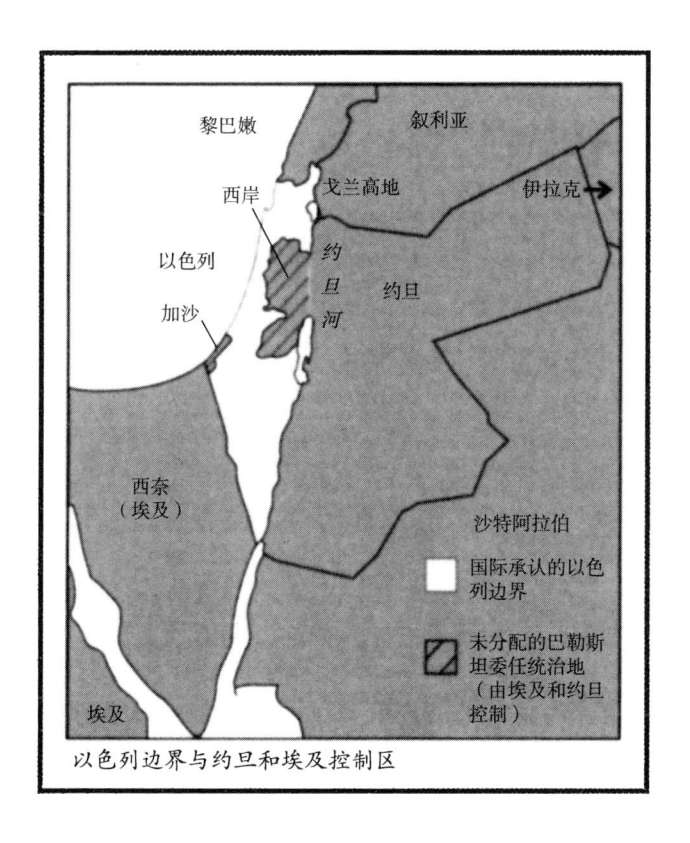

以色列边界与约旦和埃及控制区

而以色列这个刚出襁褓的国家,不仅赢得了战场上的胜利,同时也获得政治上的胜利,包括苏联在内的世界上许多国家都正式承认以色列国的独立地位。联合国安理会则于 1948 年 7 月宣称将就阿拉伯政府的侵略行径对这些国家进行传讯。

由此，以色列国得以幸存，并向世界证明了它值得作为一个独立国家而存在。不过，这场战争的代价却是巨大的，共有6373名以色列人丧生，而这一数字接近当时以色列国犹太总人口的1%。

同时，这场独立战争还制造了一个直到今天以色列国都无法解决的新难题：巴勒斯坦难民问题。

你会怎么做？

假设这是1948年4月，你是一个居住在海法城内的巴勒斯坦阿拉伯人，这里是你唯一的家。此时，联合国宣称海法将成为犹太国的一部分。一直以来你都与犹太邻居和睦相处，但想到一个由犹太人掌权的国家将在此建立，你便对这之后可能发生的事情感到害怕。

周边国家的阿拉伯人为了阻止犹太人宣告独立已经入侵巴勒斯坦。犹太人也正在对此予以回击，而你的领导人说犹太人正试图杀害所有巴勒斯坦人，并掠夺他们的土地。你曾听说过犹太人在代尔亚辛村屠杀了数百名普通村民。如果你不搬到一个更安全的地方，他们可能会对你做出同样的事情。

你的领导人宣称只要犹太人被击败，你就可以返回家乡并且获得犹太人的财产。但你也听说一位名叫果尔达·梅厄的犹太女人劝说一些巴勒斯坦老人留下并在犹太人统治的国家中和平生活。

事情究竟如何发展？

1948年4月，阿拉伯军队进攻海法，并有传闻说他们将很快轰炸犹太区，于是估计约有25000名阿拉伯人离开海法地区。4月23日，哈加纳占领海法。4月26日，一份从海法发来的英国警方报告解释道："为了劝说阿拉伯人留下来继续他们的日常生活，继续经营店铺和开展生意并使阿拉伯人确信他们的生命与财产安全会得到保障，犹太人做了所有努力。"

但许多巴勒斯坦人害怕被阿拉伯方面当作叛徒或被卷入战火。到战争结束时，已有5万多名巴勒斯坦人逃离了海法。

巴勒斯坦难民

早在巴勒斯坦战火点燃之前，该地犹太人口和阿拉伯人口的相对数量就已开始发生变化。尽管以色列国直到独立之时——某种程度上直到独立之后——其国门一直遭到英国的封锁，世界各地的犹太人一直设法通过各自的方式前往联合国宣称将是犹太人家园的这一指定地区。与之相对的是，巴勒斯坦阿拉伯人则开始离开该地区。最初是零星个别地离开，最终形成大规模迁移。

早在1948年制定建国计划时，巴勒斯坦地区的犹太领导人就一直希望以色列这个新国家能够包含为数众多的阿拉伯人。从以色列人的角度来看，巴勒斯坦阿拉伯人完全可以留在自己的家乡，成为这个新生国家的一部分。大约有16万阿拉伯人做了这样的选择，而成千上万在没有明确目的地情况下选择离开家乡的阿拉伯人则沦为难民。

巴勒斯坦人在1947年和1948年离开家乡有很多原因。数以千计的富有阿拉伯人出于对战争的预感而离开；更多的人则是由于阿拉伯领导人告诫他们远离军队行进路线而离开。有些人遭到了驱逐，但绝大多数人纯粹是为了避免被卷入战火而逃离。对此，尽管不同的统计数据存在差异，但大约有65万巴勒斯坦人在这一时期沦为难民。

> **直击史料**
>
> 巴勒斯坦人的悲剧在于他们被大多数领导人用错误且不切实际的承诺所麻痹，相信自己不会被抛下；相信8000万阿拉伯人和4亿穆斯林会立刻奇迹般地解救他们。
>
> ——选自《约旦国王阿卜杜拉回忆录》

瓜分托管地

当阿拉伯国家试图以挑起战争的方式阻止以色列建国，外约旦占领了今天被称为耶路撒冷旧城和约旦河西岸的领土，控制了这一联合国计划用来建立一个阿拉伯人国家的主要区域；而另一个被划分给阿拉伯人的地区——加沙地带，则被埃及占领。战争结束，几乎所有联合国为当地阿拉伯人预留的巴勒斯坦土地都被以色列或其他阿拉伯国家控制，从而造成绝大多数巴勒斯坦阿拉伯人处于无国籍状态。

战争结束后，以色列允许一些之前逃到犹太边境外的巴勒斯坦阿拉伯人返回家乡。然而，出于安全考虑，大多数人都被阻止重新踏入以色列。1949年，以色列提出允许战时被分离的家庭成员返回并愿意接受10万难民回归，但阿拉伯人拒绝了这一提议，以及其他任何意味着承认以色列存在的妥协方案。相反，他们要求以色列接受所有难民，并以此作为谈判前提。对此，以色列断然拒绝。

永久的难民

除约旦以外，周边阿拉伯国家拒绝在本国重新安置巴勒斯坦人，并否认他们的公民身份，这使得巴勒斯坦难民的状况更加糟糕。

最初，许多出逃的巴勒斯坦阿拉伯人被限制在难民营内，依靠国际社会的救助生存。联合国成立了一个专门的组织来帮助他们，即联合国近东巴勒斯坦难民救济工程处（UNRWA）——这是联合国成立的唯一一个致力于难民群体救济事务的组织。

就像世纪初的其他难民问题一样，巴勒斯坦难民问题原本预期很快得以解决。以色列原以为这一问题将作为和平协议的一部分得到解决，但是阿拉伯国家拒绝谈判，并将这些难民作为用来提醒世界不要忽视巴勒斯坦问题的筹码。

直到今天，这些巴勒斯坦难民的子辈、孙辈甚至曾孙辈都指望返回如今在以色列境内旧时的家，但是那一地方现在已经成为1948年以来成千上万从世界各地移居至以色列的犹太人的家。

1948～1972年，大约有82万犹太人被逐出，或被迫逃离阿拉伯国家，这些难民大部分被重新安置在以色列，其余的被安置在其他国家，而没收了他们财产的阿拉伯政府从未对其提供任何补偿。

自1948年起，巴勒斯坦难民危机就一直是谈判中的争论焦点。这些年来，以色列人和世界领导人一直试图解决该问题，但阿拉伯国家和巴勒斯坦人拒绝了他们提出的所有协商方案。本书将在后文对巴勒斯坦的独立诉求进行探讨。

> **思考一下**
> 在犹太人面对如此之多阻碍的情况下，以色列是怎样挫败阿拉伯国家的？

第七章
建设新国家

1948年5月以色列国宣告独立,缔造者必须决定这个国家的政府类型。当时,巴勒斯坦犹太人人口已经激增到65万。这些犹太人大多数来自欧洲。许多人曾在以国有经济为基础的政体下生活,并在这一时期形成了自己的治理观。

在以色列建国的最初30年,政府控制或拥有许多重要产业,如航空、铁路和通信公司等。然而,随着国家日渐成熟,以色列采取了与美国接近的经济模式,其中私有制经济占有更大的比重。

政教关系的平衡

在犹太复国主义运动领导人曾生活过的国家,犹太人屡遭迫

> **词语解释**
>
> **神权政治** 神权政治一词来源于希腊语中的theokratia，意为"神治政体"。在神权政治国家，上帝是所有律法及合法性的来源，通常允许宗教领袖解释律法。
>
> **托拉** 托拉一词在希伯来语中的字面意思为"教导"或"指引"。托拉有时用来指代所有犹太传统，但该词通常特指《摩西五经》，即《旧约圣经》中的首五卷：《创世记》《出埃及记》《利未记》《民数记》《申命记》。
>
> **《哈拉哈》** 哈拉哈一词在希伯来语中的字面意思为"行走的路"。《哈拉哈》是规定犹太日常生活的法典，其中一些律法出自《托拉》，还有的出自《塔木德》以及16世纪的一套行为准则即《布就之席》（*Shulchan Aruch*）。拉比对这些律法进行解释并将其用于现代生活之中。

害并通常不享有任何权利，因而他们希望以色列是一个民主国家，并希望他们的国家深植于犹太教传统之中。一些以色列人并无宗教信仰，而另一些人则严格遵守犹太教律法或《哈拉哈》。所以，早期以色列领导人需要找到折中的办法，使持有不同宗教传统的犹太人能够和平共处，同时确保持有其他信仰的人不会受到歧视。

以色列临时政府成立于1948年，包含犹太复国主义运动各个派别的代表。为了达成统一，世俗领导人与宗教领导人签订协议，确保犹太律法的某些方面能被包含在这一新建的社会主义－犹太复国主义政府体制中。作为对宗教团体的进一步妥协，领导者同意公共事务由国家立法规定，而私人事务，主要是结婚和离婚等，则留给宗教法庭处理，而且基督徒、穆斯林和犹太人都将拥有各自的宗教权威机构。

由于世俗犹太人和守教犹太人的共同反对，以色列国没有制定成文宪法。1948年，制定宪法的问题第一次被提上议程。守教犹太人担心这有可能会违背长期以来一直适用的犹太教律法。因此，他们认为宪法是不必要的，因为《哈拉哈》本质上就是犹太宪法。但是世俗犹太人认为国家不应该由宗教律法管理，因为这意味着以色列将成为一个神权政体——一个由宗教首领和宗教律法统治的国家——而不是一个民主政体国家。从国家独立至今,以色列就一直在努力解决这两者的矛盾冲突。

最终,以色列议会通过一系列《基本法》。这些《基本法》保障以色列人拥有绝大多数同等的权利,如同美国《权利法案》阐明美国人所拥有的权利。例如,尽管以色列是一个犹太国,但其保障所有宗教的自由,同时还赋予人们出版、集会和言论方面的自由。

进一步了解

"以色列"一词最早见于《圣经》。在亚伯拉罕的孙子雅各与神的使者较力一夜后,神说道:"你的名不要再叫雅各,要叫以色列,因为你与神与人较力都得了胜。"(《创世记》32∶29)雅各的后代最终被称为以色列的众子(《出埃及记》1∶1)。

比例代表制

以色列缔造者确立以色列为议会民主制,这一制度在实际运作中与美国的议会民主制有一定程度的区别。以色列议会至少每四年举行一次全国选举，与美国国会类似。选举期间，政党需提送 120 个议会席位的候选人名单。这些席位的名额按各党派获得票数的比例进行划分。

> **思考一下**
> 以色列多党制与美国两党制的优势和劣势分别是什么？

例如，A 政党赢得 40% 的选票，那么就有 48 个议会席位属于该党成员。如果 B 政党赢得 30% 的票数，那么该党 36 名代表可得到议会席位，而 C 政党与 D 政党因为各自获得了 15% 的选票，它们将各自得到 18 个席位。在以色列，要成立一个政党并不困难，所以以色列国内有许多政党存在，它们代表着广泛的观点。不过，要赢得议会席位，一个政党至少应获得最低票数——投票总数的 3.25%。

进一步了解

以色列总统由以色列议会选举产生，但这一职位主要行使仪式上的权力。以色列议会也有权制定并通过基于执政政府意愿的法律。以色列总理则拥有比美国总统更多的权力，因为以色列议会成员大多来自总理所在的政党以及政府中的其他政党；因此，大多数外交政策和国内政策由行政部门决定。与以色列议会议员一样，以色列总理的任期是四年，但可能会因为议会的不信任投票而缩短。

你可知道

大卫·本-古里安（1886～1973）

大卫·本-古里安出生于波兰，童年在宗教学校度过。1906年，20岁的他移民至巴勒斯坦。一战期间，由于参与反土耳其活动，被奥斯曼帝国驱逐出境。1915年，本-古里安前往纽约，在那里与一名叫鲍拉·明维斯的女士相识并结婚。1918年，加入英国军队中的犹太军团。一战结束后，和家人一起返回巴勒斯坦。1930年，成为巴勒斯坦地区主导政党的领导人。此外，他还担任犹太代办处执委会主席一职，与哈伊姆·魏茨曼一起指导犹太代办处的所有犹太复国主义事务。

本-古里安在英国委任统治结束后当即宣告以色列独立。这一决定曾遭到美国政府和很多犹太复国主义领导人的反对。以色列国独立后，本-古里安出任以色列第一任总理，直到1953年辞职。

一年后，在阿拉伯国家战争威胁的背景下，以色列执政党请求他回政府任职。他被任命为国防部长，并最终取代摩西·夏里特出任总理。本-古里安于1963年6月卸任总理一职，并于1970年退出以色列议会，在内盖夫的斯德伯克基布兹过上退休生活。

组建政府

理论上，总理由赢得议会多数席位的政党选出，之后总理任命内阁成员。总理和内阁成员在执政期间通常被统称为"政府"。然而，实际上以色列没有任何一个政党曾经成功赢得多数选票，所以得票最多的政党必须与其他政党联合或者说成立联盟；之后由这一联盟推选出总理人选。正因如此，以色列政府总是由联合政党组成，而这些政党通常在意识形态和政治议题上存在冲突。

直击史料

1952年，以色列第一任总统哈依姆·魏茨曼逝世后，阿尔伯特·爱因斯坦被邀请担任总统。爱因斯坦谢绝后说道："以色列国的提议使我深受感动，同时我也为自己无法接受而感到悲伤和惭愧。我的一生都在研究客观事物，因此缺乏处理人事以及行使公务职责的天资与经验。出于这些原因，即使年龄的增长并没有逐渐侵蚀我的力量，我也不适合来履行总统这一崇高职位所要求的责任。对此，我感到无比痛苦，因为从我意识到我们在世界民族中的危险处境以来，我与犹太人之间就已经形成一种最紧密的联系。"

总理和政府成员只有在获得议会多数支持的情况下，才能继续执政。无论何时，只要有足够数量的议会成员不支持当前政府，他们都可以投票要求举行新一轮选举。因此，总理需要满足联合政党的诉求。这使得以色列国内的小政党能够对政府施加影响。比如，以色列政府里经常会有宗教政党成员。他们试图缩小宗教与政府之间的分隔，而世俗政党则朝相反的方向努力，希望削弱宗教在公共事务中扮演的角色。

两大主要政党

多年以来，两大政党支配着以色列政治：植根于社会主义和犹太复国主义理想的工党，以及基于犹太复国主义修正派传统的利库德集团及其前身。工党被认为在处理社会事务上较为自由，在处理安全问题上也较开放。而在1977年赢得第一次选举胜利的利库德集团，在国内政策上较为保守，特别是在国家安全问题上尤为谨慎。2005年，利库德集团分裂，一个叫作前进党的新政党成立，并且吸引了一些工党成员和其他中间党派成员。因此，在2006年3月，前进党赢得选举。而在2009年3月，尽管前进党比利库

> **词语解释**
>
> **工党** 以色列工党由三个社会主义左翼政党联盟组成。工党(曾有过不同名称)在1948~1977年执政，在以色列公共及政治生活中占据支配地位。工党现在仍是以色列的主要政治党派之一。
>
> **利库德集团** 利库德集团是一个以色列政党，其源头可追溯到泽夫·(弗拉基米尔)·雅布廷斯基。利库德集团持保守派立场，赞同民族主义及自由市场政策。

德集团多一个议会席位，利库德集团却得以重新掌权，因为该党派建立了一个更广泛的联盟，使其在整体上得到多数议员的支持。

在过去的 20 年，来自苏联的犹太移民不断增加，代表其利益的政党也逐渐更有权势。不仅如此，守教的犹太人也成立了自己的政党，几个以色列阿拉伯人政党在议会也拥有代表席位。工党和利库德集团则由于彼此长期对立，通常不与对方联合，而选择与宗教党派和其他小政党一起组建联合政府。但在 2009 年，工党决定同以本雅明·内塔尼亚胡为首的新利库德政府联合，前进党则成了最大的反对党。

2013 年大选后，内塔尼亚胡继续执政，但以色列的政治面貌却发生了令人吃惊的变化。内塔尼亚胡领导的利库德集团与右翼民族主义政党"我们的家园以色列党"合并。一个由亚伊尔·拉皮德建立的新政党"未来党"因强调社会事务与经济问题，同时坚持应将极端正统派犹太人征召入伍，而赢得第二多的选票。另外两个新政党采取了截然相反的立场："犹太家园党"反对建立巴勒斯坦国并提倡定居西岸，而"潮流党"坚持要以两国方案为基础与巴勒斯坦人达成和平协议。这些立场大相径庭的政党组成了新政府，并且在以色列历史上，第一次将极端正统派政党排除在联合政府之外。

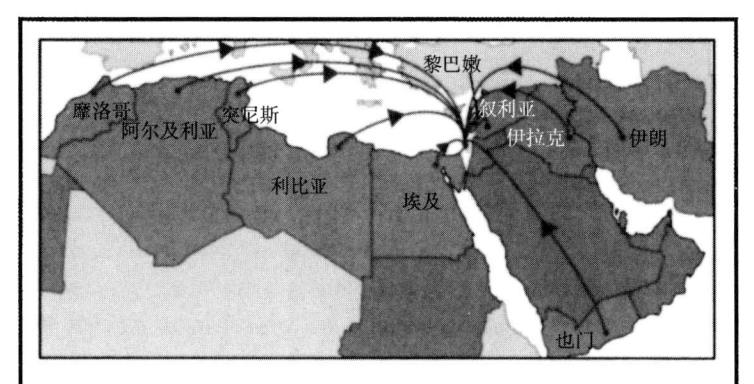

1948~1972年，成千上万生活在阿拉伯国家的犹太人到以色列寻求庇护。这些移民中有260000人来自摩洛哥、14000人来自阿尔及利亚、56000人来自突尼斯、35666人来自利比亚、89525人来自埃及、6000人来自黎巴嫩、4500人来自叙利亚、129290人来自伊拉克，以及50552人来自也门/亚丁

《回归法》

第一届议会通过的最重要法案应该是 1950 年颁布的《回归法》。《回归法》给予世界各地犹太人移民以色列的权利，并且

> 我对以色列最大的希望就是，有一天以色列的平民不必生活在对未来的恐惧之中。无论身处何地的犹太人都能有家可回。
> ——萨曼莎，16岁
> 马里兰州波托马克

只要他们愿意，就可以立刻成为以色列公民。《回归法》从法律上承认犹太民族与犹太家园的联系，并且将每个到以色列定居的犹太人都视为回归的公民。

这部法律改变了以色列的面貌，成为全球成千上万犹太人的救生索，使他们能够逃离所在国家的暴力而在以色列安身立命。

1948年之前,犹太人是没有避难地的。纳粹屠犹这样的大灾难使他们认识到在落难时期无法依靠其他国家。

> **直击史料**
>
> 《回归法》是以色列国的基本法之一,包含我们国家的核心使命:聚集流亡在外的犹太人。《回归法》决定了海外犹太人到以色列定居的权利并不是由以色列国赋予,而是他作为犹太人与生俱来的权利,只要他想在这片土地上定居,他就可以行使这一权利。在以色列国内,犹太人并不拥有相对其他非犹太公民的优先权,国家赋予全体公民完全平等的权利和义务。这一原则也同样体现在《以色列独立宣言》之中。回归权高于以色列国家权力。它源于犹太人与犹太家园之间无法割断的历史联系,也正是基于这一权利以色列国得以建立。
>
> ——选自大卫·本-古里安
> 1950年7月3日的议会演说

1947年,在联合国即将通过分治决议的紧要关头,许多阿拉伯国家对犹太人的迫害将演变为暴力袭击。20世纪40年代,伊拉克、利比亚、埃及、叙利亚和也门境内的反犹暴乱致使超过1000名犹太人被害。而这也触发了阿拉伯国家对犹太人的大规模驱逐,尽管犹太人已经在这些地方生活了2500多年。

1949～1951 年,"以斯拉-尼希米行动"从伊拉克转移了 10.4 万名犹太人,另有 2 万犹太人经由伊朗被悄悄运至以色列。1949～1950 年,"魔毯行动"几乎将整个也门犹太社团将近 5 万人接回以色列。到 1951 年,随着规模最大的摩洛哥犹太移民的到来,当时以色列犹太人口总数比 1949 年翻了一番还要多。

以色列面孔

提克娃,16 岁,住在哈代拉。哈代拉是一个位于特拉维夫和海法之间的地中海海滨城镇。她的六个哥哥姐姐都出生在埃塞俄比亚,因此,她是家族在以色列出生的第一个成员。提克娃一家是在 1984 年"摩西行动"中来到以色列的。当时,以色列空运了约 8000 埃塞俄比亚犹太人回归以色列国。

提克娃喜欢唱歌,每周参加两次合唱队训练。她希望有朝一日能够和合唱队一起出国演出,并录制以古埃塞俄比亚旋律为特色的个人专辑。这种旋律是由她的家人传授的。

近些年,以色列移民中最多的是来自苏联的移民。几十年来,犹太人一直试图摆脱苏联的统治,但只有极少数人被允许离开。但随着苏联的解体,苏联犹太人回归的大门终于被打开,前往以色列的移民也大幅增加。从 1990 年至今,有超过 100 万犹太人从苏联移民至以色列。对于像以色列这样规模的国家而言,接纳如此数量的移民相当于美国接收了整个法国的人口。

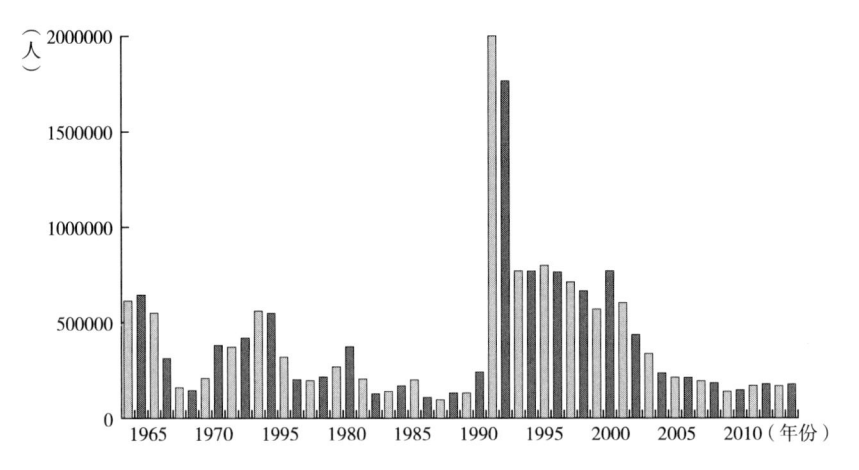

移居以色列的移民呈现"潮水般增长",其中 1948～1952 年来自阿拉伯国家的犹太移民以及 20 世纪 90 年代来自苏联的移民导致最显著的数量增长

其中最引人瞩目的行动是拯救埃塞俄比亚的古犹太社团,尽管他们在人数上并不算很多。通过 1954 年("摩西行动")、1985 年("约书亚行动")和 1991 年("所罗门行动")的壮观空运行动,以色列将 2 万多名犹太人从埃塞俄比亚接回他们的家园。"这在历史上还是第一次,"威廉·赛菲尔在《纽约时报》写道,"成千上万的黑人作为公民而非奴隶被接运到一个国家。"

尽管西方国家的犹太人有权移民以色列,但相较其他国家而来的犹太人,他们较少会选择移民以色列。与犹太社团从东欧和阿拉伯国家集体撤离相比,在过去 60 年,只有不到 10 万美籍犹太人移居以色列。

少数族裔的权利

依照法律,以色列全民享有平等权利,但事实上,许多少数族裔在住房、就业和教育领域仍然在与歧视抗争。以色列阿拉伯人有平等的投票权,阿拉伯语与希伯来语同样是以色列的官方语言。以色列阿拉伯人也成立了自己的政党并在议会、外交部门以及最高法院任职。在以色列议会甚至有支持以色列敌人的阿拉伯代表。

穆斯林、基督徒、德鲁兹人、巴哈伊教徒、切尔克斯人以及其他族裔和宗教群体构成了以色列20%以上的人口。2014年,以色列66周年国庆时,以色列总人口为810万,其中犹太人口(610万)刚过75%,以色列阿拉伯人超过21%。同时,约有16%的公民为穆斯林,2%为基督徒,还有不到2%是德鲁兹人。以色列也是中东地区唯一一个基督徒人口有所增长的国家。

以色列的多样性也体现在其教育体系。除普通世俗学校外,也有面向正统派犹太人和极

词语解释

贝都因人 贝都因人是阿拉伯少数民族的一支。大约有17万贝都因人生活在以色列,尤其是内盖夫沙漠地区。由于贝都因人此前是游牧民族,因此以色列也在努力将其纳入劳动力和社会之中。虽然一些贝都因人正在逐渐适应永久定居型社会,但仍有一些人坚定地保持传统生活方式。

德鲁兹人 德鲁兹人是伊斯兰教一派别。信徒主要分布在黎巴嫩、利比亚南部以及以色列北部。德鲁兹人的基本信条是,安拉的神性在任何时期都显现在活人身上,而安拉最后也是最终的化身便是哈基姆。哈基姆是法蒂玛王朝第六代哈里发,于1016年前后在开罗宣称自己是安拉的化身。德鲁兹派信仰独一神,但不在清真寺做礼拜,对于自己的宗教信条秘而不宣。

逊尼派 逊尼派是世界范围内最大的穆斯林派系。他们接受伊斯兰传统并承认哈里发作为穆罕穆德继任者的合法权威。大多数巴勒斯坦阿拉伯人都属于逊尼派。

> **思考一下**
> 当世界各地的犹太人都成为一个国家的国民时，会出现怎样的挑战？又有什么益处？

端正统派犹太人的特殊学校。同样，也有面向阿拉伯人的学校。这类学校的授课语言为阿拉伯语，并且注重阿拉伯历史和穆斯林传统。而在犹太学校，课程则用希伯来语教授，授课重点为犹太历史和传统。近年来，以色列建立了更多混合型学校以促进犹太人与其他信徒之间的良好关系。许多家长因为希望自己的孩子能够与更多样的学生群体交往而被这类学校吸引。在以色列高校层面，阿拉伯学生则与犹太学生一同接受大学教育。

词语解释

哈瑞迪　在以色列，犹太教正统派有着不同的形式。哈瑞迪一词通常是指极端正统派犹太人。他们遵循对犹太教律法的严格解释，倾向于与志同道合的犹太人以社团形式居住在一起，而与其他以色列人分隔开来。这一社团中的成员并不支持以色列国。他们认为在犹太国建立之前弥赛亚一定会先降临。正统派或现代正统派犹太人认为哈瑞迪对犹太律法的解释太过严格，更愿意住在非正统派犹太人中。犹太教改革运动是美国进步运动的一部分，而现今不断发展的犹太教保守派运动则是美国保守运动的一部分。尽管很多以色列人都是世俗犹太人，但他们仍然过犹太节日、践行犹太习俗。

大多数以色列阿拉伯人都免于服兵役。这是出于安全的考虑，同时也是为了降低以色列阿拉伯人与邻国或邻近地区的亲人对战的可能性。但德鲁兹人、切尔克斯人以及穆斯林社团需要服

兵役，贝都因人和其他阿拉伯人则可自愿服兵役。

以色列阿拉伯人和其他以色列人对于社会不公现象直言不讳，例如批评政府对阿拉伯市政建设和阿拉伯学校的拨款不公现象。更好地平衡众多宗教团体、族裔群体以及来自世界各地移民的权利和需求是以色列领导人持续面临的挑战。

以色列面孔

列奥尼德，17岁，7岁那年从符拉迪沃斯托克移居以色列。他对俄罗斯印象不深，但他知道在那里自己的家人由于犹太身份而遭受磨难。多年来，他们一直希望移民以色列，却因为苏联对移民的管制而无法实现。

列奥尼德的父母都是数学家，在俄罗斯任大学教授。在以色列度过两年居住在活动房的生活之后，他们一家人在特拉维夫安定下来。列奥尼德的父母在特拉维夫教书。

列奥尼德会演奏小提琴，并且已经在当地的不同场合进行过公开演出。他希望在服完兵役之后能够进入特拉维夫音乐学院学习。除此之外，他也喜欢国际象棋，热爱特拉维夫的夜生活。

第八章
领土之争

1948年，在赢得对抗阿拉伯敌人的决定性战争后，以色列本期望邻国可以接受其独立的事实并协商和平，但实际上事与愿违。尽管埃及在1949年就已经与以色列签订了停战协议，但它并不希望与以色列实现永久和平，而是开始积极备战。

埃及总统贾迈勒·阿卜杜勒·纳赛尔在1954年掌权。他先是禁止以色列货船通过苏伊士运河，从而打破以色列与埃及在战后签订的协议。接着，他开始从苏联集团进口武器，用以充实旨在针对以色列的武器库。

纳赛尔的武器交易是美国和苏联在中东地区持续竞争的一环。苏联的共产主义者希望向中东传播意识形态，然后掌控该地区的石油资源。美国则通常以支持反苏联政权作为回应。双方都尝试通过各种方式来扩大影响力，特别是通过为其同盟提供武器装备的方式来实现。这一做法触发了军备竞赛，加剧了该地区的紧张局势，差一点酿成两大强权之间的直接冲突。

纳赛尔在充实埃及武器库的同时，还派遣名为"敢死队"（阿拉伯突击队）的巴勒斯坦恐怖主义分子从加沙潜入以色列进行破坏和谋杀活动。此外，他通过建立蒂朗海峡的埃及封锁带，对以色列施压，因为蒂朗海峡是以色列南部与非洲和亚洲之间的唯一供给路线。之后，纳赛尔还将一直属于英国和法国股东的苏伊士运河国有化。

> **词语解释**
>
> 恐怖主义 恐怖主义被美国联邦调查局定义为"实施者通过对人身财产非法使用武力或暴力来威胁或胁迫政府、平民以及相关部门，以期达到政治或社会目的"。

以色列的回应

苏伊士运河的封锁、不断增长的恐怖主义袭击，以及极具威胁性的埃及政府，使以色列处境愈发艰难。与其坐等纳赛尔及其控制的阿拉伯联盟武力准备充分后发动新一轮战争，以色列总理大卫·本－古里安决定先发制人。他与希望重新掌控苏伊士运河的英国、法国一同制定了进攻作战计划。三个国家在 1956 年 10 月底，对埃及进行了袭击。在只有百日的战斗中，以色列从埃及手中夺取了西奈半岛沙漠的大部分土地以及加沙地带。

你可知道
贾迈勒·阿卜杜勒·纳赛尔（1918~1970）

贾迈勒·阿卜杜勒·纳赛尔于1918年1月15日出生在亚历山大港。他曾就学于一所军事学院，之后在埃及军队任职，在那里他与成立了秘密革命社团即"自由军官"组织的众军官来往密切。这些军官希望结束英国在埃及的影响并推翻埃及国王。

1952年，"自由军官"发动政变并驱逐了国王法鲁克。两年后，纳赛尔在政府掌权，并于1956年正式当选为总统。同年，埃及将苏伊士运河国有化激怒了欧洲，它还通过资助恐怖袭击威胁着以色列。作为反击，以色列、英国和法国突袭了埃及。

尽管失去了苏伊士运河，但在这一事件中纳赛尔敢于与包括美国在内的西方强权对峙，这使他成为许多人心目中的英雄。他也因为推行"泛阿拉伯主义"，即团结阿拉伯世界的思想，而在阿拉伯国家备受欢迎。

11年后，埃及在1967年的六日战争中战败，纳赛尔宣布辞职。但公众对他的高度支持使其收回辞职书，继续出任总统。然而，埃及在这场战争中的失败还是损害了纳赛尔的形象。他再也没有获得之前的声望。1970年9月28日，纳赛尔因心脏病发作在办公室辞世。

但英国、法国和以色列此举忽视了美国的和平恳求，他们也未事先将其意图告知美国。这激怒了美国总统德怀特·戴维·艾森豪威尔。他对以色列尤其愤怒，威胁如果以色列不从占领地撤军，就中止美国政府对以色列的所有援助，实施联合国制裁，并停止对以色列的所有私人捐献。本-古里安在压力下妥协了，尽管埃及并没有同意与以色列和平相处，他还是宣布撤出西奈。

然而，以色列确实收到了美国对其保持海运航道畅通的保证。同时一支联合国紧急部队也在埃及与以色列边界驻军部署，以防止未来可能发生的袭击行为。

震惊世界的六天

1964年，埃及和其他阿拉伯国家一道组建了巴勒斯坦解放组织（简称巴解组织，PLO），并以此作为对付以色列的新武器。巴解组织发动了许多针对以色列人的袭击，并成为致力于摧毁以色列的阿拉伯派系的保护伞。

同时，叙利亚军队利用一个比以色列北部加利利高出数千英尺的多山地区——戈兰高地，炮击以色列的农田和村庄。1965～

词语解释

巴勒斯坦解放组织
巴勒斯坦解放组织，简称巴解组织，由数个团体组成。巴解组织的主要成员为法塔赫，同时也包括解放巴勒斯坦人民阵线和解放巴勒斯坦民主阵线。巴解组织于1964年在开罗峰会成立，最初由阿拉伯国家掌控。但六日战争后，巴勒斯坦人自己接管了该组织，由亚西尔·阿拉法特领导直至他2004年辞世。巴解组织宣称其目标为"解放巴勒斯坦"，并将恐怖主义作为实现该目标的手段。1993年，阿拉法特宣布放弃使用暴力，促成了随后与以色列的和谈。然而，由于巴解组织继续从事恐怖活动，会谈大多以失败告终。

1966年，叙利亚的炮击愈加频繁，迫使住在戈兰高地下方山谷的基布兹居民不得不在防空洞中入睡。

> **直击史料**
>
> 《贝尔福宣言》《巴勒斯坦托管条例》以及基于这之上的一切都是无效的。有关犹太人和巴勒斯坦之间的历史宗教联系声明与历史事实不符，并违背国家的真正概念。犹太教是一个宗教而非独立的民族。犹太人也不因其犹太身份构成一个单一国家；他们是隶属不同国家的公民。
>
> ——选自《巴解组织宪章》第 20 条
> 否认犹太人拥有自决权

1967 年 5 月，纳赛尔要求 1956 年战后驻扎在西奈地区的联合国紧急部队撤退，并再一次向所有以色列船舶以及所有驶往以色列南部港口埃拉特的船只关闭蒂朗海峡。在全世界的瞩目下，阿拉伯军队开始包围以色列，阿拉伯领导人扬言要摧毁以色列，并表示将立即对其发起攻击。

以色列展开突袭

以色列处于极大的危险之中：如果毫无作为，坐等纳赛尔与其他阿拉伯领导人所宣称的进攻，以色列可能陷入灾难性的军事劣势。因此，以色列领导人策划了一场突然袭击。1967 年 6 月 5 日，以色列下达袭击埃及的指令。作为最强大的阿拉伯国家，埃及面临的这场危机正是由其领导人一手造成的。

> **直击史料**
>
> 我们的基本目标是消灭以色列。阿拉伯人民渴望战斗。
>
> ——贾迈勒·阿卜杜勒·纳赛尔总统
>
> 1967 年 5 月 27 日

同一天，以色列总理利维·艾希科尔向约旦国王侯赛因传递信息，承诺除非侯赛因先攻击以色列，以色列不会与约旦开战。这位约旦国王因为无法承受来自阿拉伯邻国的压力，选择忽视以色列的友好表示，依然发动进攻，加入对抗犹太国的战争。以色列随即对约旦的进攻展开回击。

几个小时之内，敌方战机尚未起飞，以色列空军就摧毁了埃及和约旦几乎全部的空军力量以及叙利亚一半的空军。仅仅经过六天的战争，以色列军队就突破敌人的防线，并处在随时待命向埃及首都开罗、叙利亚首都大马士革和约旦首都安曼进军的状态。

> **词语解释**
>
> **西岸** 西岸是指以色列于1967年从约旦手中夺得的位于约旦河西岸的领土。该区域包括圣经时代的犹地亚和撒玛利亚，同时也是这一时期犹太人的生活区域。

此时，占领西奈和戈兰高地的主要任务已完成。除此之外，在与约旦军队战斗的过程中，以色列夺取了包括耶路撒冷旧城和西岸在内的耶路撒冷东部，而该地区在1948年独立战争之后就一直被约旦占领。闪电袭击仅六天后，以色列同意结束这场战斗。

尽管战争只持续了几天，日后被称作"六日战争"，以色列却付出了极高的伤亡代价，约有770名士兵在这场战争中丧生。

以色列在六日战争中占领了戈兰高地、西岸和西奈半岛

你可知道

侯赛因·宾·塔拉勒（1935～1999）

在1999年辞世之前，约旦国王侯赛因·宾·塔拉勒是世界上任职时间最长的国家行政领袖。他于1935年11月14日在安曼出生，在该地完成基础教育后，先后在埃及亚历山大的维多利亚学院和英格兰的哈罗公学上学。之后，他在英格兰的桑赫斯特皇家军事学院接受军事教育。

1951年，侯赛因在耶路撒冷的阿克萨清真寺目睹了祖父阿卜杜拉国王遭人暗杀（大多数专家认为阿卜杜拉是被一名巴勒斯坦人暗杀，后者不满他对以色列的宽容政策）。侯赛因的父亲，即塔拉勒国王，作为阿卜杜拉的长子继承了王位，却被发现在精神上无行为能力。于是侯赛因在18岁时继位成为国王。

侯赛因被认为是与美国有着紧密联系的政治温和派。但在1967年，出于对阿拉伯邻国的恐惧，他决定进攻以色列，随后失去了对东耶路撒冷和西岸的控制，而那是他祖父在1948年独立战争中征服的领土。

此后，他频繁地与以色列进行秘密谈判，但直到1994年，在巴解组织与以色列签订协议后，才正式准备与以色列订立和平协议。侯赛因于1999年初因癌症去世,他的长子阿卜杜拉继位。

以色列获得尊敬,阿拉伯挑衅依旧

六日战争对中东地区的国家以及它们在国际社会中的形象产生了巨大影响。以色列在军事上的勇猛令世界印象深刻。以色列被视为打败阿拉伯歌利亚的大卫。

以色列获得的尊敬与钦佩同阿拉伯国家领导人企图毁灭以色列的期望形成了鲜明对比。许多穆斯林表达了对犹太人能打败他们的震惊。这场战争所带来的情感反应造就了双方日后的行为。

以色列领导人希望这场决定性的胜利能够向阿拉伯领导人证实:以色列是无法在军事上被打败的。他们还认为阿拉伯会愿意就和平协议进行谈判。以色列领导人甚至表示愿意放弃刚获得的大部分土地以交换和平保障,然而,阿拉伯领导人不愿意做出让步。

阿拉伯国家不仅没有积极响应以色列的和平提议,反而以挑衅回应。1967年8月,在苏丹喀土穆的一次会议上,阿拉伯领导人提出一份后来被称为"三不"的声明:"不与以色列和解,不与以色列谈判,不承认以色列。"

> **思考一下**
> 是什么因素导致以色列决定在1967年袭击埃及?

联合国做出回应

阿拉伯国家的部分策略是试图通过外交手段,利用联合国来获得它们在军事上没能获得的东西。1967年11月22日,联合国安理会全票通过第242号决议为和平协议提供指导方针。阿拉伯国家有选择地理解该决议,使得妥协的所有义务都落在以色列一方而不是它们身上。

该决议明确提出期望阿拉伯国家与以色列实现和解,同时也指出以色列应从1967年"占领的土地"撤退。然而,安理会并没有要求以色列从六日战争占领的所有土地上撤离。这一措辞极其慎重,反映了决议起草者的观点,即为换取和平,以色列必须从其所占领的部分土地但不必从全部土地上撤离。

直击史料

安全理事会,

表达对于中东严峻局势的持续关注,强调对通过战争获取土地的不认同,以及为公正和持久和平而努力的需要。这将使该地区的每个国家都能生活在安全之中;同时进一步强调接受《联合国宪章》的每个成员国都有责任依照宪章第2款行动,

1. 确认为切实履行宪章原则,必须在中东建立公正和持

久和平，应包括以下两条原则的实施：

（1）以色列军队撤出近期冲突中占领的领土；

（2）终止一切交战要求或交战状态，尊重并承认该地区每个国家的主权、领土完整和政治独立及其在牢固和被认可的疆界内和平地生活而免遭武力的威胁或行为的权力。

2. 再确认以下行为的必要性：

（1）保证该地区国际水道的通航自由；

（2）使难民问题得到公正的解决；

（3）通过包括建立非军事区在内的各项措施，保障该地区每个国家的领土的不可侵犯性和政治独立；

3. 促请联合国秘书长指派一名特别代表前往中东，与有关各国建立并保持接触，以期促成协议并协助努力依照本决议案的规定与原则达成一项和平的、各方接受的解决方案；

4. 促请联合国秘书长就特别代表所做努力的进展情况，尽速向安理会报告。

——联合国安理会第242号决议

安理会成员国十分清楚，以色列之前的边界线一直是模糊不清的，因而有必要对此做出一些调整。然而，阿拉伯国家反对"安全且公认的疆界"的说法，因为它们担心这一措辞暗示着对以色列国存在事实层面而言的接受。

以色列坚持掌控土地

由于阿拉伯国家不愿意与以色列协商，甚至不准备履行联合国决议，以色列则选择了不归还分别从约旦、叙利亚和埃及夺取的西岸、戈兰高地和西奈半岛，直至部分土地或所有土地可以作为换取和平协议的筹码。

> **进一步了解**
>
> 尽管《联合国安理会第242号决议》被视为以色列与巴勒斯坦人谈判的基础，但在文本中巴勒斯坦人并没有被提及。

而控制戈兰高地和西奈半岛也给以色列带来军事优势。以色列人现在可以从高地监视叙利亚人，而不再是叙利亚从戈兰高地俯视以色列。在南方，西奈半岛提供了一片可以将以色列同埃及分隔开的人烟稀少的广阔沙漠。

在西岸和加沙，以色列获得了一些有战略价值的空间，但这些地域同时也是数百万巴勒斯坦人的家乡，以色列现在要对他们的幸福负责。尽管以色列采取如建立学校和提供卫生保健等措施来改善西岸和加沙的生活条件，该地区的总体生活水平仍处于低标准。以色列同时还需要对巴勒斯坦人施加安全限制，以此确保不会有恐怖分子渗入以色列。

巴勒斯坦人加紧回应

由于以色列从未正式兼并耶路撒冷以外的西岸，生活在那里的巴勒斯坦人没有成为以色列公民，不能享受与以色列阿拉伯公民相同的权利，西岸巴勒斯坦人因此面临困境。这一困境，再加上以色列强行实施的周期性宵禁以及安全检查站的设立，导致许多巴勒斯坦人滋生怨恨，一些人加入了恐怖组织。

早在六日战争之前，巴勒斯坦人已经开展了针对以色列的恐怖活动，但他们当时主要指望邻近的阿拉伯国家攻占以色列，赢回他们的家园。然而，在六日战争后，许多巴勒斯坦人开始意识到他们不能依靠阿拉伯国家来毁灭以色列了，所以开始更努力地依靠自己的力量。在约旦掌控西岸的 19 年中或者在埃及占领加沙地带时期，巴勒斯坦人从未尝试在当地建立一个巴勒斯坦国，但现在以色列掌管这些地区后，巴勒斯坦人开始推进该地区的独立。

为了获得国际关注，巴解组织及其他组织进行了一系列震惊世人的恐怖袭击，例如劫持民航飞机以及在公共场所引爆炸弹。1967~1973 年战争期间，有超过 13 起由巴勒斯坦组织发动的恐怖袭击事件发生，包括 1968 年从意大利罗马起飞的以色列航班被劫事件，1970 年以色列阿维维姆学校巴士被袭事件，后者导致包括 9 名儿童在内的 12 人死亡。

当以色列允许犹太人在西岸和加沙地带定居后，巴勒斯坦人被进一步激怒。一开始，以色列的主要意图是在一些关键地区设立战略前哨据点以防止未来可能发生的入侵。但之后，犹太人开始进入希伯伦和卡法·埃齐翁等地区，在他们遭阿拉伯人驱逐前居住的地方重新以社区形式安置下来。尽管有部分人是受意识形态和宗教狂热驱使，但其他以色列人则是出于经济原因在此定居（由于以色列政府补贴在被占领土上建造的住房，因而定居者有可能在邻近大城市和工作的地方拥有一套较好的房子）。

> **思考一下**
>
> 为什么美国和苏联要卷入中东的冲突？两国在该地区各自有什么利益？

进一步了解

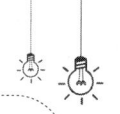

1948 年 5 月，生活在耶路撒冷城外四个基布兹的居民，在名为古实·埃齐翁的地区拖延了一支庞大的朝耶路撒冷进发的阿拉伯军队。该约旦军团在当地数千阿拉伯人的配合下杀害了 240 名基布兹居民，另有 260 名被俘，基布兹也被夷为平地。1967 年，在卡法·埃齐翁基布兹中战死的犹太人后代，在西岸原农场区域建立了第一个犹太社团。该社团以及其他在西岸和加沙地带建立的社团通常被称作"犹太定居点"。

> **思考一下**
> 六日战争后,是什么阻止了阿拉伯国家和以色列谈判达成和平协议?

随着越来越多的犹太人在西岸建立犹太人社区,巴勒斯坦人的仇恨逐渐加深,担心以色列可能再也不会从该地撤离,或者不会允许巴勒斯坦建国。尽管如此,许多巴勒斯坦人从未打消以色列最终从整个这一地区消失的念头。

第九章
零星的和平　更多的战争

六日战争后，以色列领导人希望能够与阿拉伯邻国通过谈判达成协议，包括以色列放弃部分占领的土地以换取阿拉伯国家对以色列安全的承诺。然而，埃及总统纳赛尔不仅没有选择和平，反而打算重新发动战争。

他认为由于以色列的大部分军队都由预备役人员组成，以色列不可能经得起持久战或承受得起国民停止工作参战带来的经济负担。纳赛尔同时希望持续不断的伤亡会逐渐削弱以色列的士气，当形势发展到足够危险时，美国会向以色列施压使其撤出占领的土地。因而，从1969年3月到1970年8月，埃及不断袭击以色列，炮轰以色列在苏伊士运河沿岸的据点，使双方的敌意不断加深。

在这场消耗战中苏联与埃及的紧密合作，对以色列造成的威胁使美国领导人感到不安。美国总统理查德·尼克松和国家安全顾问亨利·基辛格将它视为对美国利益的挑战，因此竭力说服埃及与以色列接受停火协议。双方最终于 1970 年 8 月 7 日停止这场"消耗战"。尽管当下"消耗战"在很大程度上已经被人遗忘，但这场消耗战让以色列付出了 1424 名士兵以及 100 多名平民死亡的代价——伤亡人数几近六日战争的两倍。

纳赛尔的预言是正确的，消耗战确实削弱了以色列的士气。1967 年激动人心的胜利让以色列人感到欢欣鼓舞，但埃及不断的炮击行动以及巴勒斯坦的袭击则使他们的自信心受损。恐怖主义活动不断升级，在 1972 年慕尼黑奥运会期间 11 名以色列运动员被巴勒斯坦恐怖分子杀害时达到了顶点。和平渐行渐远，战争似乎再次一触即发。

赎罪日战争

1973 年 10 月 6 日，埃及和叙利亚在犹太历中最神圣的日子——赎罪日向以色列发动突然袭击。在戈兰高地上，约 180 辆以色列坦克对抗 1400 辆叙利亚坦克的猛攻。而在苏伊士运河沿岸，不足 500 人的以色列士兵遭受着装备有 2000 辆坦克和 500 架飞机的 10 万埃及士兵的攻击。

进一步了解

1972 年 9 月 5 日凌晨 4 点 30 分，德国慕尼黑，五名身着径赛服的阿拉伯恐怖分子翻过六英尺半高的围栏，潜入以色列运动员居住的奥林匹克村，被村内至少三人撞见。这些巴勒斯坦人用偷到的钥匙进入以色列国家队所使用的两间公寓。

摔跤教练摩西·温伯格和举重选手约瑟夫·罗马诺在抵抗袭击者的过程中遇害。袭击者之后又围捕了九名以色列人作为人质。这批恐怖分子来自巴解组织中被称为"黑色九月"的分支。他们要求以色列释放 200 名阿拉伯囚犯并为他们提供离开德国的安全通道。

全世界都在关注着这场戏剧性事件的发展。恐怖分子同意由直升机将其带至北约空军基地。在那里，他们被告知将会得到一架飞往开罗的飞机。但在机场，德国警方试图击毙这些恐怖分子。一场血腥的枪战随之发生。大约在晚上 11 时，媒体得到人质已获得解救的错误信息。然而，约一个小时后，新一轮冲突爆发，载有以色列人质的一架直升机被恐怖分子用手榴弹炸毁。而搭乘第二架直升机的其余人质被一名存活的恐怖分子射杀。

凌晨 3 点，一直将该事件作为美国广播公司奥运会新闻的一部分、对其进行全天候报道的美国电视台记者金·麦凯

> 报道称:"他们身亡了。"
>
> 五名恐怖分子连同一名警察被杀。三名恐怖分子被捕。但一个多月后,在劫持德国汉莎航空公司班机恐怖分子分支的威逼下,这三名恐怖分子被释放。

经过最初两天的奋力抵御,以色列动员了预备役军队,并开始反击。由于以色列局势变得越来越危险,尼克松总统下令向以色列紧急空运军事设备和武器。货运飞机 24 小时向以色列输送配件、坦克、炸弹和直升机。

随着与叙利亚和埃及的对抗不断升级,以色列开始击退阿拉伯袭击者,直至兵临埃及和叙利亚首都。在这紧急关头,苏联扬言要介入战争,美国政府开始担心战争的升级有可能造成美苏之间的重大对抗。当苏联迫切要求结束战争时,基辛格飞往莫斯科与之商谈。两个大国同意施行《联合国安理会第 338 号决议》,要求战争双方立刻停火。

你可知道

果尔达·梅厄(1898~1978)

果尔达·玛布维奇出生于俄国(今乌克兰境内),在美国威斯康星州的密尔沃基长大。1917 年,她与莫里斯·迈耶森结婚并于 1921 年定居在巴勒斯坦的莫哈维亚基布兹。之后,他们将自己的姓氏改为希伯来姓氏梅厄，含义是"熊熊地燃烧"。

1924年，果尔达·梅厄开始活跃于一个犹太贸易联盟，即以色列总工会，并逐渐参与犹太复国主义政治之中。二战后，她成为英国与犹太人之间的主要联络人，并在美国筹集资金支持以色列独立战争。1946年，她出任犹太代办处政治部代理主任，并担任此职位直到1948年以色列建国。

1947年11月17日，在联合国讨论巴勒斯坦命运的12天前，梅厄秘密会见外约旦国王阿卜杜拉，希望能够说服他不要反对分治计划。1948年5月10日，在以色列正式建国的四天前，梅厄化装成阿拉伯妇女与其进行第二次会面，但没能成功说服他置身于其他阿拉伯国家计划的战争之外。

以色列政府成立后不久，梅厄被任命为以色列首任驻苏联公使；然而，不到一年就返回以色列并在1949年被选为以色列议会议员。1949～1956年担任劳工与国民保险部部长，直至1956年出任外交部部长。

1969年，71岁的梅厄成为以色列总理。她是世界上第三位女总理，执政期间的主要事件是赎罪日战争。许多以色列人责备梅厄没有在以色列遭受袭击前做好相关准备。战争结束后，梅厄仍然连任总理，但由于感到对政府的失职负有责任，于1974年辞去总理一职。

你会怎么做？

假设现在是1973年10月5日，你正坐在总理办公室。以色列最高情报官员表明埃及和叙利亚方面有令人担忧的部队调动，但不认为战争迫在眉睫。第二天清晨，你被叫回面见总理果尔达·梅厄。参谋长戴维·埃拉扎尔将军正在劝说她立即调动以色列的全部武装力量，并先发制人地进行空袭。

梅厄已经将她对战争可能爆发的顾虑告知美国国务卿亨利·基辛格，然而，基辛格告诫她以色列不能先开火。你知道如果梅厄下令先发制人地攻击并快速调动以色列国防军，以色列会有更好的胜利机会以及减少伤亡的机会。然而，在基辛格的警告之后，如果率先进攻有可能会惹恼美国领导人，尼克松总统也有可能不会在战时支援以色列或在战后支持其政治。

你建议总理应当怎么做？

事态如何发展？

总理梅厄下令召集部分后备役军队，但并没有批准先行发动攻击，因为她不想冒着丧失美国支持的风险。埃及和叙利亚随后成功袭击了以色列，造成了以色列在战争初期的众多伤亡。

安理会的决议终止了战争。这场战争，犹太人称为"赎罪日战争"。阿拉伯人则因为其发生在穆斯林的斋月，故称为"斋月战争"。

尽管以色列军队在战场上取得最终胜利，1973年的战争仍被视为以色列在外交和情报方面的失败。阿拉伯人成功突袭以色列国防军，并使强大的以色列军队遭受巨大损失——2688名以色列士兵遇难。这让以色列人深感震惊。总理果尔达·梅厄为缺乏准备而引咎辞职。以色列国防军前参谋长、以色列驻美国大使伊扎克·拉宾取代了她的位置。

针对美国

1973年10月19日，阿拉伯石油输出国发布对美国的石油禁令，以抗议美国对以色列的支持。世界石油生产商（无论是不是阿拉伯国家）利用这一禁令大幅提高石油和汽油的价格。

该举动冲击了世界经济，导致美国和其他西方国家限量供应石油。加油站门前排起长龙。以色列与其阿拉伯邻国的冲突影响了美国人的日常生活。

词语解释

欧佩克　欧佩克（OPEC）是石油输出国组织的英文首字母缩写的音译。欧佩克成立于1960年，由石油生产国伊朗、伊拉克、科威特、沙特阿拉伯以及委内瑞拉联合组成，试图通过限制市场上的石油供给量来控制石油价格。除了这五个创始国，卡塔尔、印度尼西亚、利比亚、阿拉伯联合酋长国、阿尔及利亚、尼日利亚、厄瓜多尔、安哥拉以及加蓬也陆续加入。现在，欧佩克通过控制各国的石油产量在持续影响着油价。然而，其影响力因其他非欧佩克成员国，如美国、墨西哥、挪威以及俄罗斯等石油生产国的政策有所削弱。

在阿拉伯国家没能打败以色列后，巴勒斯坦人又一次转向暴力行动，并尽其所能袭击以色列人或犹太人。恐怖主义成为世界范围内持续增长的威胁。

进一步了解

1976年6月27日，4名恐怖分子劫持了一架从以色列起飞途经雅典飞往巴黎的法国航空公司客机，迫使飞机在乌干达降落，并要求以色列释放53名已定罪的恐怖分子。劫机者释放了全体法国机组人员和其他非犹太旅客，但挟持105名犹太人和以色列人作为人质，并声称将在48小时内开始处决这些被劫持的犹太人。以色列政府宣告愿意就此事件进行谈判，但同时秘密准备解救计划，为解救行动赢得时间。

7月3日，一支以色列解救部队搭载一架装有两辆吉普车和一辆黑色梅赛德斯的货运飞机抵达乌干达机场。黑色梅赛德斯完美地复制了乌干达独裁者伊迪·阿明的私人用车。另有两架飞机分别运载了增援部队以及被指派执行特殊任务的军队，如摧毁停在附近的乌干达空军战机。第四架飞机用来撤离人质。

中校约纳坦·内塔尼亚胡领导了这次闪电袭击。8名恐怖分子全部被歼灭，2名人质在交火中身亡。内塔尼亚胡则在带领人质脱离危险前往以色列飞机时牺牲。

1976年7月4日，正值美国200周年国庆日，新闻播报了以色列在乌干达恩德培机场抗击恐怖主义的激动人心的胜利。这场精彩的营救行动令全世界人民印象深刻，同时鼓舞了以色列人的士气，表明以色列会采取有力行动来保护犹太人的生命。

埃及与以色列谈判

以色列在这次战争后依然希望通过证明自己在军事上的实力，阿拉伯领导人会放弃消灭以色列的努力并转而寻求谈判。一开始，阿拉伯国家并没有流露出改变思路的迹象。然而，埃及总统安瓦尔·萨达特开始表现出改变埃及与以色列，以及美国之间关系的兴趣。作为苏联长久以来的盟友，萨达特在1972年突然将苏联顾问驱逐出埃及，并通过1973年战争认识到美国对以色列的支持比苏联对阿拉伯的支持更有价值。他随后决定着手改善与美国的关系。当然此时，他十分清楚改善与美国的关系必然会要求他缓和同以色列的紧张关系。萨达特认为，1973年对以色列人的突袭几乎将其击败，埃及在1967年溃败的耻辱已经被抹去。

这也使他第一次产生了与以色列达成和平的想法，有了通过谈判而非战争手段收回失去国土的想法。在美国国务卿基辛格穿梭外交的推动下，以色列和埃及达成协议，以色列从其占领的西奈半岛部分地区撤退。

你可知道

梅纳赫姆·贝京（1913~1992）

梅纳赫姆·贝京于1913年出生在波兰的布列斯特-立托夫斯克，青少年时期加入波兰的犹太复国主义修正派的贝塔运动，并在1938年成为该运动在波兰的领导人。他因参与犹太复国主义活动被短暂关押在西伯利亚的俄罗斯监狱中。

贝京之后来到巴勒斯坦，于1943年成为伊尔贡指挥官。1948年，在伊尔贡并入以色列国防军之后，贝京成为新组建的以色列政党的领袖，该政党后发展成为利库德集团。1977年，他带领这一政党赢得选举胜利，一举改变了工党29年来一直掌握国家政权的局面。

通过与埃及签订具有历史意义的《戴维营协议》，贝京成为首个与阿拉伯邻国达成和解的以色列总理。贝京在1981年下令摧毁伊拉克核反应堆的空袭行动,并在20世纪80年代初展开将埃塞俄比亚犹太人接回以色列的行动。

然而,由于对黎巴嫩战争进程的失望以及妻子的逝世,贝京于1983年辞去总理一职,并完全离开公众视野。

1977年,梅纳赫姆·贝京当选以色列第一任非工党总理。作为右翼自由运动党成员,他曾在20世纪40年代领导伊尔贡地下组织,并提出"大以色列"构想,即支持以色列最终将加沙地带和西岸并入犹太人国家的思想。这一切都广为人知。以色列人视贝京为"强硬派",认为如果贝京能够达成协议,他会确保以色列的安全。贝京开始与埃及进行秘密谈判,寻求与萨达特达成协议。据此协议,以色列愿意归还大部分西奈地区以换取同埃及的和平。其间,萨达特也做出大胆举动,亲自来到耶路撒冷并在以色列议会上发表演讲,成为第一个访问以色列的阿拉伯国家首脑。对此,以色列人兴奋不已,并确信萨达特有意与以色列实现和解。

> **词语解释**
>
> **穿梭外交** 穿梭外交指一种外交方式,通常是指政府代表在互有争议的派系之间往返沟通、斡旋调解,以期促成一个各方满意的协议。该词最初是用来形容美国国务卿亨利·基辛格在1973年赎罪日战争后,在以色列与阿拉伯国家之间所进行的一系列外交活动。他先后成功促成以色列和埃及之间的协议,以及以色列和叙利亚之间的协议。

然而,尽管各方都有意向达成和平协议,谈判依然十分困难。以色列被要求放弃许多有形资产——土地、油田和军事基地,而埃及只须做出"无形"的不攻打以色列的承诺。埃及人和以色列人显然需要外界帮助他们解决分歧。美国总统吉米·卡特则认为自己能提供这方面的帮助，于是在1978年9月邀请贝京和萨达特共赴总统度假地——戴维营。在那里，卡特促成了两份协议，为1979年5月26日以色列和埃及和平条约的签署奠定了基础。

进一步了解

尽管大多数以色列人对与埃及签署的和平条约感到满意，但随着时间的流逝，许多人逐渐变得失望，因为该条约并没有为两国带来真正的友谊。由于同以色列媾和，萨达特于1981年10月被伊斯兰极端分子暗杀。而他的继任者胡斯尼·穆巴拉克，在总统任期的30多年间只在伊扎克·拉宾的葬礼时访问过以色列一次。

以色列和埃及之间的大多数贸易和旅游都是单向的，即从以色列到埃及，而由国家控制的埃及媒体还经常出版并发表反犹主义言论。尽管当时与埃及的关系在以色列人看来属于一种"冷和平"，人们仍然对该条约感到满足，因为自条约签订后，以色列与埃及之间就再也没有发生过任何军事冲突。然而，2011年，埃及爆发大规模起义，穆巴拉克倒台。在随后的选举中，激进的穆斯林兄弟上台掌权。很显然，新总统穆罕默德·穆尔西不仅没能解决国家面临的严峻内部问题，同时还意图在全国推行伊斯兰教法。越来越多的动乱使得埃及军方控制了政府，逮捕了穆尔西及其支持者。前军方首领阿卜杜勒·法塔赫·塞西在 2014 年举行的选举中胜出。

埃以和平条约的签署标志着中东关系发生了重大改变。贝京做出了令人吃惊的让步。他同意放弃西奈沙漠地区的战略纵深，从包括定居点和军事基地在内的整个西奈半岛撤出。同时，他还愿意赋予巴勒斯坦人一定程度的自治权。作为回应，埃及同意与以色列互派大使，允许游客在两国往来，并开始与以色列通商。这一条约实现了以色列人 30 多年来与邻国和平的愿望。

以色列政府希望与埃及的破冰之旅会带来与其他阿拉伯国家的广泛和平。然而，其他阿拉伯领导人不但不跟随萨达特，反而排斥和孤立埃及。事实上，在和平条约签署两年后，萨达特就被拒绝同以色列进行和解的恐怖分子刺杀。与此同时，巴勒斯坦人也拒绝了贝京的自

> **思考一下**
>
> 为什么埃及要同其他阿拉伯国家决裂而与以色列议和？

> **词语解释**
>
> 犹地亚/撒玛利亚
> 犹地亚和撒玛利亚长期以来被指约旦河西岸地区。不迟于梅纳赫姆·贝京执政以来，这两个地理名称开始有了政治含义。那些在政治辩论中称约旦河西岸地区为犹地亚和撒玛利亚的人通常认为该地区是以色列的一部分，而且应该一直如此。而那些简单地将这片领土称为西岸的人则是纯粹从地理角度出发。在人们讨论这一备受争议领土的未来时通常称之为西岸。

治提议，认为这并没有给他们带来完全的独立。而阿拉法特也没有打算承认以色列的存在或放弃通过武装斗争解放整个巴勒斯坦的想法。

有争议的定居点

巴勒斯坦自治的难点在于该地区还存在犹太定居点，特别是在西岸和加沙地带。贝京反对建立一个巴勒斯坦国，认为犹太人像巴勒斯坦人一样有在西岸居住的权利，因为他们在圣经时代就曾在此居住。事实上，贝京还提倡扩大西岸的犹太社区，至少部分是为了阻碍巴勒斯坦国的建立。当巴勒斯坦人拒绝自治提议时，居住在该地区的犹太人口尚不足6000人。

> **词语解释**
>
> 绿线 绿线指的是1949~1967年以色列和约旦之间的停火线。现在的绿线标明了以色列1967年前的领土与六日战争中占领的西岸土地之间的边界。绿线被认为源于摩西·达扬在一幅地图上用绿颜色画出的当年停火线。

以色列面孔

阿比盖尔，16 岁，住在奥夫拉。奥夫拉是位于耶路撒冷和巴勒斯坦城镇纳布卢斯之间的一犹太定居点，于20 世纪 70 年代中期建成。阿比盖尔是这一小城镇的第二代居民。

她的家人是虔诚的犹太教徒，祖父母是在匈牙利纳粹屠犹行径中仅存的家庭成员。她同姐姐和两个哥哥一样在宗教寄宿学校就读。

像许多正统派的年轻犹太女孩一样，她希望能在敬老院做两年志愿者，以代替两年的兵役。未来，她打算回到奥夫拉做一名老师。

西岸的犹太定居者有三类。最早一批定居者是出于安全考虑而在此建立社区的，之后加入的第二批是宗教犹太复国主义者。这批犹太定居者迁入是因为他们认为西岸是具有重要圣经意义的地区，宣称这里是犹太人的应许之地，神圣且属于以色列。一些犹太社区建立在有大规模巴勒斯坦人口的地区，因而经常造成犹太人和阿拉伯人之间的矛盾。第三批犹太定居者则因为以色列政府提供的经济奖励，而开始在超越1967年前边界的地方建立社区。这一政策很吸引人，因为定居者通常可以在那里以低价购买到比绿线内更好的住房，而且许多社区本质上位于耶路撒冷郊区，靠近定居者的工作地点。起初，政府鼓励人们在这些地区定居是出于安全考虑，但后来，特别是贝京掌权之后，目标就转为控制更多的领土，逐步渗透，吞并该地，扩大以色列国疆域，并阻止巴勒斯坦人建国。

进一步了解

西岸和加沙地带的犹太人口

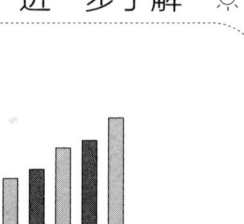

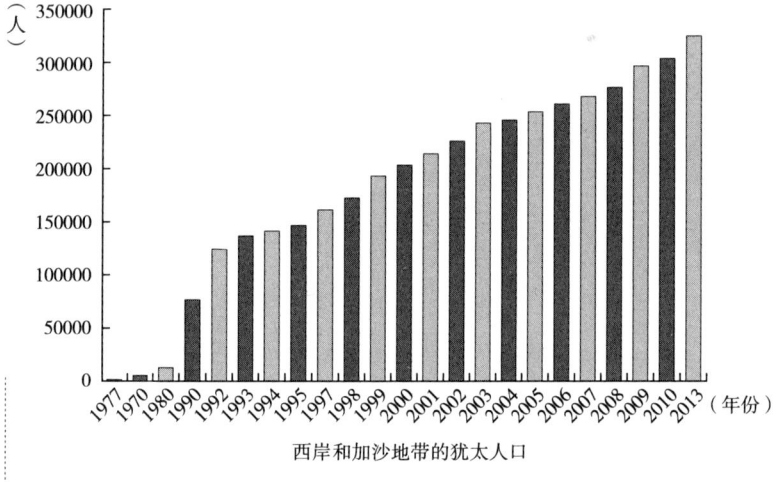

（2005年8月，以色列撤离了所有居住在加沙地带以及西岸北部四个定居点的犹太人）

犹太定居点人口的扩张激怒了巴勒斯坦人。他们将这些定居点视为挑衅，拒绝以色列提出的任何妥协方案，并坚持"解放巴勒斯坦"，即毁灭整个以色列。以色列人内部也一直就建立新定居点是否明智，是否值得，展开了激烈辩论。

加利利行动

尽管以色列人希望与埃及的和平能够促进其他阿拉伯国家跟

随萨达特的脚步或至少能暂时缓解与阿拉伯人的冲突，但北部前线不断的冲突很快使以色列陷入第六次战争。

长期以来，以色列一直在寻求与黎巴嫩边界的和平，但后者作为恐怖组织的避难所，使得双方边界和平无法实现。鉴于巴勒斯坦恐怖分子不断从黎巴嫩潜入以色列，以色列军队于1978年袭击并占领黎巴嫩南部的巴解组织基地，迫使恐怖分子远离了边界。

两个月后，以色列国防军从占领的地区撤退，并允许联合国军队进驻。然而，联合国军队并没能阻止恐怖分子携带更新、更具杀伤力的武器返回该地区。以色列的袭击和突击队的突袭也没能阻止黎巴嫩境内巴解组织力量的不断壮大。

随着巴解组织力量在黎巴嫩逐渐壮大，以色列北部加利利的局势愈加严峻。不断发生的袭击行动迫使成千上万的居民逃离家园或在防空洞中度过大部分时间。作为回应，1982年6月6日，以色列国防军发动了"加利利和平行动"，派遣约8万人的军队入侵黎巴嫩，驱除恐怖分子。

黎巴嫩战争

该行动起初的成功导致以色列领导人扩大了行动的目标，决定将巴解组织驱逐出黎巴嫩并说服该国领导签署和平条约。最终双方确实达成了协议，但叙利亚却迫使黎巴嫩违背协议条约。20世纪70年代黎巴嫩内战期间，叙利亚曾占领该国的大部分地区。叙利亚总统哈菲兹·阿萨德坚持，在以色列承认叙利亚对戈兰高地的所有权之前，不会允许黎巴嫩与以色列签订任何条约。

最初，以色列民众一致支持这一战争。但当战事不断拖延，并扩张至对黎巴嫩首都贝鲁特的围攻时，这一战争引发了国际谴责。以色列开始认真考虑是否要将战争继续下去。1982年8月，亚西尔·阿拉法特以及巴解组织的大部分武装人员从贝鲁特被驱赶至突尼斯，但黎巴嫩的穆斯林却因为国家受到以色列军队的侵扰，迅速展开了对以军的袭击。

进一步了解

多年来，约旦难民营中的巴勒斯坦人变得越发好战和强大。到20世纪60年代，他们控制了难民营，公开炫耀武器，并开始拥有足以威胁侯赛因国王统治的武装。1970年9月，局势开始恶化。当时巴勒斯坦恐怖分子劫持了四架商用飞机，将其中三架开到约旦，一架开到开罗。在恐怖分子将乘客挟持为人质后，飞机被引爆。那些被挟持的人质，其中包括一些美国人，最终被用来交换关押在欧洲监狱的恐怖分子。

该事件导致巴勒斯坦激进分子与约旦国王间的紧张关系进一步升级。国王的军队和巴解组织之间开始爆发武装冲突。1970年9月19日，叙利亚坦克越过约旦边境支援巴勒斯坦人。以色列人也做好了干涉的准备，随时准备开进约旦，以保卫侯赛因国王。不过，约旦部队重新集结并最终击退了入侵的叙利亚人。

约旦军队接下来开始进攻巴解组织，造成数千名巴勒斯坦人的伤亡，并将巴解组织领导连同成千上万的难民一起驱赶至叙利亚和黎巴嫩。该事件后被巴勒斯坦人称为"黑九月"事件。

1982年9月16~17日，以色列军队允许黎巴嫩基督教民兵组织成员进入萨布拉和夏蒂拉这两个贝鲁特难民营，以根除被认为藏身于此的巴勒斯坦恐怖分子小组。以色列人十分清楚，黎巴嫩基督教民兵组织与巴勒斯坦双方对抗多年，不少基督徒曾遭到巴勒斯坦人的屠杀，黎巴嫩总统希尔·杰马耶勒和他的25名随从又在一周前在巴勒斯坦人制造的爆炸袭击中遇难，因而以色列人完全有可能估计到基督教民兵组织会借此机会报仇。等到以色列士兵命令民兵组织成员撤离时，难民营中发现的尸体有数百具（据估计有460~800具），其中还包括妇女和小孩。

词语解释

赫兹布拉　赫兹布拉（真主党）是一个在伊朗和叙利亚支持下的伊斯兰原教旨主义组织，主要分布在黎巴嫩南部的什叶派地区。该组织成立于1982年，为什叶派教徒主导的穆斯林社团，在提供社会服务的同时，参与针对以色列的恐怖袭击。赫兹布拉试图接管黎巴嫩政权，创建一个伊朗式的伊斯兰共和国并消灭以色列。现在该组织已成为黎巴嫩的主要政治力量。

关于这场屠杀的新闻报道引起国际社会对以色列的谴责。而犯下这一罪行的黎巴嫩基督教民兵组织则逃脱了大部分的谴责。

与此同时，以色列人也为所发生的屠杀事件感到愤怒。有3万人举行游行谴责该屠杀行径。以色列政府于是指派了一个委员会调查此事。该做法被亨利·基辛格称为充分体现了以色列的民主体制。卡汉调查委员会认定以色列对未能预料黎巴嫩基督教民兵组织的暴行负有间接责任。随着卡汉调查报告的发表，以色列军事情报局主管约书亚·萨盖少将被免职，以色列国防部部长阿里埃勒·沙龙被迫辞职，但仍保留部长的职位（即他在内阁决定中仍然有投票权，但除此之外不担负任何其他职责）。

撤军黎巴嫩

1983年7月，以色列军队开始了缓慢结束战争的进程。随着停战的呼声日益高涨，贝京于1983年9月15日辞去总理一职。1984年，工党和利库德集团组成的联合政府执政，两党领导人轮流出任总理。联合政府决定从黎巴嫩撤军，只在黎巴嫩南部以色列边境沿线的安全区留守象征性的武装巡逻。

尽管他们最初希望该举措只维持较短时间，但以色列在该地区的驻军最终维持到2000年5月。到那时，共有1216名以色列士兵在黎巴嫩战争和军事调动中丧生，许多是在与更加危险的真主党恐怖组织的小规模战斗中牺牲的。

巴勒斯坦人起义

在以色列人还没从黎巴嫩战争的伤痛中恢复,以色列士兵依然在黎巴嫩开展军事活动时,西岸和加沙地带爆发了动乱。1987年10月初,有谣言称在加沙交通事故中丧生的4名巴勒斯坦人实际上是以色列人所杀害。这一谣言迅速升级,并触发席卷西岸、加沙地带和耶路撒冷的一波骚乱,该骚乱被称为"因提法达"(巴勒斯坦人起义)。

据以色列国防军报告,该起义的最初四年,发生了超过3600起燃烧弹袭击、100起手榴弹袭击以及600起持枪或爆炸袭击,并对士兵和平民不加区别地实施暴力。其间,有16名以色列平民和11名士兵在该地区遭巴勒斯坦人杀害,并有超过1400名以色列平民和700名以色列士兵受伤,约有1100名巴勒斯坦人在与以军的冲突中丧生。

巴解组织在这场精心策划的暴动中扮演了领导角色。不过,其领导地位开始遭到哈马斯的挑战。哈马斯是一个拒绝同以色列进行任何和平谈判的"恐怖主义"组织。

词语解释

什叶派 什叶派是位列逊尼派之后的第二大宗教派系。逊尼派和什叶派的分歧源于伊斯兰教早期关于穆罕默德继承人的争论。作为非阿拉伯国家,伊朗是中东唯一一个大部分穆斯林都信仰什叶派的国家。不过,在伊拉克、黎巴嫩和巴林也有大规模的什叶派社团。

词语解释

因提法达 因提法达一词在阿拉伯语中原意为"摆脱",喻义为"起义"。该词被用来特指反对以色列占领的两次巴勒斯坦人起义。第一次起义爆发于1987年12月,第二次发生在2000年9月。

> **进一步了解**
>
> 1981年,以色列领导人确信伊拉克正试图制造核武器,并担心萨达姆·侯赛因会使用核武器对付以色列。为了确保这样的事情不会发生,梅纳赫姆·贝京下令进行一次大胆的突袭,摧毁了伊拉克奥西拉克核反应堆。当时,这一袭击备受争议并受到强烈谴责。但多年过后,该行动因成功阻止了萨达姆·侯赛因发展核武器的计划而获得赞誉。

由于1990年伊拉克入侵科威特,美国展开了与萨达姆·侯赛因的第一次对决,巴勒斯坦人的起义最终偃旗息鼓。巴勒斯坦人自视是与以色列歌利亚抗争的大卫,此形象一度获得国际同情。然而,当巴解组织与萨达姆站在一起时,高度支持也随即消失。此外,因政治或其他原因,遭巴勒斯坦同伴杀害的阿拉伯人人数开始超过在巴以冲突中死亡的阿拉伯人人数。

1991年,以美国为首的盟军进攻伊拉克。此后,国际的关注点就从巴勒斯坦问题上转移开了。在这场战争中,萨达姆向以色列发射了39枚导弹,造成4人死亡和数百万美元的损失。而在美国的要求下，以色列决定不做任何反击。盟军迅速瓦解了侯赛因的武装并解放了科威特。

伊拉克战争可以说同以色列没有任何关系。然而，以色列与邻国之间的冲突仍然被视为该地区的另一个不稳定因素，因此美国外交官为协调广泛和平又展开了新一轮努力。

> **词语解释**
>
> 哈马斯 哈马斯是伊斯兰抵抗运动的阿拉伯语首字母缩写的音译，是一个巴勒斯坦的原教旨主义组织，拒绝与以色列进行任何和谈。哈马斯曾多次对以色列平民以及与以色列配合的巴勒斯坦人发起恐怖袭击。哈马斯在其宪章中宣称："审判日不会来临，除非穆斯林与犹太人战斗，将犹太人置于树木和石头后（指死亡）。"

第十章
缔造和平

在1991年的海湾战争中,由美国领导的盟军成功迫使伊拉克从科威特撤军。战争结束后,美国外交官再一次将注意力转移到以色列和巴勒斯坦的和解问题上。他们认识到除非阿拉伯国家采取措施与以色列建立和平,否则以色列-巴勒斯坦和平协议便毫无希望。因而,布什政府于1991年倡导了一次和会。和会由美国和苏联联合发起,来自叙利亚、黎巴嫩、约旦以及巴勒斯坦的代表在马德里参加了这次会议。

你可知道
伊扎克·拉宾(1922~1995)

伊扎克·拉宾是首位出生于以色列建国前的以色列总理。他于1922年在耶路撒冷出生，曾活跃于犹太准军事部队，在独立战争时期是哈加纳内部一支名叫"帕尔玛赫"的精锐突击队的一名军官。1953年，拉宾晋升为将军。

1964~1968年，拉宾担任以色列国防军总参谋长。在他的指挥下，以色列在六日战争中取得了惊人的胜利。1968年，他出任以色列驻美国大使，开始涉足政治。之后，拉宾因在六日战争中的战绩，以及与1973年赎罪日战争时政府的失利没有关联，而被选中接替果尔达·梅厄出任总理一职。

1977年，拉宾因一桩财务丑闻而辞去总理职位，但于1992年再次成为总理。在此任期内，他开启了与巴勒斯坦的谈判。这一举动使得他与西蒙·佩雷斯以及亚西尔·阿拉法特一道获得了1994年的诺贝尔和平奖。他还成功签署了以色列和约旦之间的和平条约。

1995年11月4日，拉宾在参加一场和平集会时遇刺身亡。凶手是一名以色列正统派犹太教徒。他认为这位总理的政策正在危及国家并亵渎了犹太律法。

在 10 月 30 日的会议开幕式上，时任以色列总理伊扎克·沙米尔直接呼吁阿拉伯国家"以和解、共存、和平的话语与以色列开展对话"。阿拉伯代表却严厉谴责以色列。尽管马德里和会最后没有达成任何协议，但所有与会方都表示愿意继续谈判，并且建立起了一系列会谈机制。不过，在和平协议取得更多具体进展之前，美国和以色列国内选举给两国政府的政策带来重大改变。

1992 年布什落选，巴勒斯坦人被迫适应美国新总统比尔·克林顿。在很多人看来，他比布什更偏向以色列。与此同时，再次当选以色列总理的伊扎克·拉宾也被认为比历任总理更加灵活变通。1993 年最初的数月，随着各方调整应对新政府领导人，以色列和巴勒斯坦的谈判者试图秘密敲定一个类似于贝京在戴维营提出的折中方案。

直击史料

我们曾同你们巴勒斯坦人作战，但我们今天要以洪亮而清晰的声音对你们说：我们之间流的鲜血和眼泪已经够多的了，不能再流了。

——伊扎克·拉宾在白宫仪式上的演讲
1993 年 9 月 13 日

奥斯陆的秘密

1993 年,以色列人第一次开始在挪威奥斯陆与巴解组织举行秘密的直接谈判。这一谈判意义非凡,具有里程碑意义。此前以色列政府官员从未与巴解组织成员展开任何直接谈判。他们拒绝与之谈判是因为巴解组织的宪章号召毁灭以色列国,并且该组织曾参与多起针对以色列人的恐怖行动。

最终,以色列和巴勒斯坦的关系取得突破性进展。以色列同意承认巴解组织是巴勒斯坦人民的代表。作为交换,巴解组织主席亚西尔·阿拉法特同意承认以色列国,声明断绝与恐怖主义的关系,并废除巴解组织宪章中毁灭犹太政权的条款。双方于 1993 年 9 月 13 日在白宫草坪正式签署《原则宣言》。

以色列面孔

吉拉姆,17 岁,出生于以色列北部加利利的一个小村庄。她有一个同胞姐妹和一个长兄。她的家庭拥有一片大农场,种植的主要是橄榄树。她的叔叔曾是以色列议会成员。

> 吉拉姆是天主教徒，在拿撒勒的一所女子学校上学。她喜欢在加利利森林中远足。由于母语是阿拉伯语，她正努力提高自己的希伯来语和英语水平。她和她的妹妹计划去耶路撒冷念大学。

《原则宣言》及其后续协议被统称为《奥斯陆协议》，该协议规划在未来五年通过协商逐步终结以色列和巴勒斯坦之间的冲突。作为进程的一部分，以色列允许巴勒斯坦人首先在加沙地带和位于西岸的杰里科城实行自治，目的是通过给予巴勒斯坦对争议领土的支配权来帮助双方建立信心。倘若此举奏效，巴勒斯坦将明白以色列是真心愿意撤离西岸和加沙地带，同时以色列人也有机会判断如果移交出更多的土地，巴勒斯坦人是否还会对以色列构成安全威胁。

随后，双方就巴勒斯坦对其余领土的自治进行详细磋商。然而，没等这一过程完成，以色列就已同意将整个西岸地区的健康、教育、福利、税收、旅游以及其他国家职能交付给巴勒斯坦人负责。以色列则保留对整个争议地区的安全责任，该协议要求以色列国防军撤出人口密集地区，但不必从全部领土撤离，而所有生活在西岸和加沙地带的以色列居民则可以在以色列的保护下继续生活。

同时，谈判双方同意推迟解决几个最为棘手的问题——如何确定巴勒斯坦和以色列的最终边界，如何处理巴勒斯坦难民以及犹太定居点，以及如何解决双方都坚持以耶路撒冷为首都的立场。

随着以色列和巴勒斯坦开始将协议付诸实践，以色列希望这一势头能够为其与其他邻国谈判创造条件。

约旦议和

实际上，以色列和约旦自1967年以来就处于和平状态，并且低调地展开了很多合作活动。以色列人一直以为与约旦达成和解是可能的，并将约旦国王侯赛因视为可以信赖的伙伴。但这位国王从未感到有足够把握正式宣布同以色列和解，因为他担心此举会激怒巴勒斯坦人、激怒其阿拉伯邻国以及国内民众（而其中超过半数为巴勒斯坦人）。

> **思考一下**
> 美国为何要推动以色列和巴勒斯坦之间的谈判？

然而，在以色列与巴勒斯坦达成协议后，侯赛因便迅速同以色列进入正式谈判。1994年10月26日，约旦成为第二个与以色列缔结和平条约的阿拉伯国家。

尽管其他阿拉伯国家还没有准备好与以色列缔结正式条约，但是有些国家已经开始允许同以色列进行商业往来和外交接触。截至1994年底，已有逾150个国家与以色列建立了外交关系——这个数字是十年前的2倍多。

叙利亚不退让

数十年来,叙利亚总统哈菲兹·阿萨德一直是阻止阿拉伯国家与以色列达成和平协议的主要领导人。他通过提出"人人得正义,否则无人得正义"的立场,成功地维持了统一的阿拉伯阵线。这意味着如果阿萨德不能如愿以偿,他将尽力阻止其他任何阿拉伯领导人与以色列达成协议。但是当阿拉法特以及约旦国王侯赛因在未经阿萨德的同意下先行与以色列达成协议后,阿萨德便开始更为认真地与以色列谈判。

> **直击史料**
>
> 我们将身赴一场没有死亡和受伤、没有流血和痛苦的战争——和平之战。
>
> ——引自以色列国防部墙上的伊扎克·拉宾语录

阿萨德坚持,在他透露叙利亚将做出何种让步之前,以色列必须同意完全撤离戈兰高地。而拉宾则示意,只要叙利亚说明以色列将得到何种和平,就愿意放弃绝大部分戈兰高地。他明确表示希望以色列和叙利亚能建立类似以色列和埃及之间的关系。

由于叙利亚对黎巴嫩政府影响极大，同叙利亚的僵局也阻碍了以色列和黎巴嫩的谈判进程。在有关戈兰高地的协议达成之前，叙利亚拒绝让黎巴嫩同以色列进行协商，而以色列则希望叙利亚能切断与伊朗的关系，并停止支持以摧毁以色列国为目标的真主党。

整个 20 世纪 90 年代后半期，以色列和叙利亚一直在断断续续进行谈判，但是直到 2000 年阿萨德去世，双方都未达成一致。阿萨德去世后，他的儿子巴沙尔继位。小阿萨德没有表现出任何要改变他父亲政策的迹象，反而更加亲近伊朗并且增加对诸如哈马斯和真主党这类组织的支持。这一事态发展使得以色列愈加怀疑叙利亚的意图，更加不愿做出领土妥协。这导致了以色列和叙利亚之间持续的僵局。

一个巴勒斯坦国？

在签署《奥斯陆协议》之前，以色列曾正式反对巴勒斯坦国的建立，认为这样一个国家会给以色列的生存带来致命危险。以色列官员担心巴解组织会设法实施其"阶段性计划"，即在巴勒斯坦部分地区建立一个国家政权，并以此作为基地逐步取得对巴勒斯坦其他领土的控制，而这将意味着以色列的毁灭。

除此之外，以色列还同样担心恐怖主义势力的增长，担心伊斯兰极端势力从亚西尔·阿拉法特手中夺回外交控制权，以及在未来战争中阿拉伯军队联盟与巴勒斯坦人进行联合。另外，如果以色列将边境线撤回至 1967 年前的位置，其绝大部分人口和工业将距敌方力量不到 13 英里。就像哈马斯在加沙地带用火箭弹袭击以色列南部一样，该地区也将轻易遭受同类火箭弹的袭击。

尽管存在这些风险，越来越多的以色列人开始逐步认为与巴勒斯坦的互惠协商有可能促进和平。很多人支持在西岸大部分地区和整个加沙地带建立一个巴勒斯坦国。他们认为，如果巴勒斯坦人愿意与以色列和平共处，以色列便可以与这样一个国家共存。

进一步了解

美国的国土从大西洋一直延伸到太平洋，因而美国人有时很难理解地理是如何影响阿以冲突的。如果以色列的敌对力量掌握西岸的控制权，他们便能轻而易举地将以色列一分为二。六日战争前，以色列领土最窄的地方仅有 9 英里。这意味着一辆时速 60 英里的车能在 9 分钟内横穿整个国家。

《奥斯陆二号协议》

巴勒斯坦国的建国进程受到恐怖主义活动持续不断的伤害。1995 年 1 月发生的一起自杀性爆炸使事态进一步恶化。

进一步了解

尽管穆斯林传统反对自杀以及滥杀无辜,然而,一些激进的穆斯林相信如果他们袭击的是异教徒或者是为伊斯兰领土的解放做出贡献,那么他们就能在死后获得荣耀。很多巴勒斯坦人大肆颂扬那些对以色列进行恐怖袭击的人,并将其称作"烈士"。从发放印有"烈士"照片的收藏卡,到用恐怖分子的名字命名街道,再到巴勒斯坦官方电视台歌颂殉教,都反映了这一做法。

尽管如此,以色列和巴勒斯坦还是于1995年9月28日在白宫成功签署了一项新协议,即《奥斯陆二号协议》。这份协议将巴勒斯坦自治区域从加沙和杰里科扩张至伯利恒、希伯伦和拉马拉。

以色列同意从六个主要的西岸城市撤军并解散一直以来管辖该地区的以色列民政局,将管辖权移交给选举产生的巴勒斯坦委员会。

巴勒斯坦权力机构,即以阿拉法特为首的新巴勒斯坦政府,自此至少在名义上掌控了三片区域。

区域 A,包括六个主要的西岸城市。巴勒斯坦权力机构全权负责该地区的民政和内部治安。

区域 B，包括位于西岸其他地区的城镇，大约有 70% 的巴勒斯坦人居住在此区域。巴勒斯坦权力机构被给予民事权力，但是以色列保留保卫该地公民以及防范恐怖主义的全部安保责任。

区域 C，覆盖犹太人定居点、无人区以及被视为有重大战略意义的地带。以色列保留安全保障责任，但是巴勒斯坦权力机构拥有在健康、教育和经济上的民事权力。

以色列同意在六个月时间内减少驻军并释放关押在狱中的大约 2000 名巴勒斯坦囚犯。巴勒斯坦方面则同意在巴勒斯坦权力机构成立后的两个月内废除宪章中号召毁灭以色列国的条款。

以色列民众持谨慎态度

尽管绝大部分以色列民众欢迎这一与巴勒斯坦人和平相处的机会，但他们认为阿拉法特在打击阿拉伯恐怖主义上的勉强态度或不作为是实现和平的巨大障碍。阿拉法特对付政敌相当无情，或是将他们投入监狱或是将他们杀害，但是在打击两个誓要毁灭以色列的穆斯林极端分子组织——巴勒斯坦穆斯林吉哈德和哈马斯问题上却表现得无所作为。

阿拉法特与以色列签署和平条约后，恐怖

> **词语解释**
>
> 吉哈德 吉哈德一词衍生自阿拉伯语动词 jahada，意为"竭尽全力"。该词可以指个人的思想斗争，然而，它通常被译作"圣战"。由于伊斯兰恐怖主义分子把他们所有袭击、反对以色列以及西方的行动称为圣战，因此吉哈德通常与暴力联系在一起。

主义仍然是他能够利用的并在事实上加以利用的，实现其政治目的的工具。比如提及解放耶路撒冷或者发起圣战，他经常使用煽动性的言语。阿拉法特的话语使巴勒斯坦人确信他没有丢弃革命热情，却让以色列人感到担心。除此之外，巴勒斯坦媒体上以及西岸和加沙地带用来教育巴勒斯坦年轻人的学校教科书中针对以色列人的恶毒攻击也使他们感到惊恐。

尽管以色列在与阿拉法特持续谈判，却有越来越多的以色列民众质疑这一和平进程是否有意义。毕竟，如果阿拉法特不能控制住恐怖分子，与他签署协议又有何益呢？如果他能够控制恐怖分子，而现在显然选择不去这么做，那么他就不是一个真正的和平伙伴。

进一步了解

巴解组织宪章制定于1964年，阐明其目标是解放巴勒斯坦地区。宪章几经修订，但是一直以明确的语言表明巴解组织的目标是消灭以色列国。根据《奥斯陆协议》的规定，巴勒斯坦方面同意重新修改巴解组织宪章，并删除了这一表述。然而，仍然有人争论说巴解组织未按照规定的程序修改。不过，1998年克林顿总统证实那些条文已被废除。与此同时，哈马斯的宪章仍继续呼吁消灭以色列。

重大挫折

尽管部分以色列民众开始质疑以色列与巴勒斯坦的谈判一事，但很多以色列民众还是继续支持这一努力。1995年11月4日，数万名以色列民众聚集在特拉维夫市中心表达他们对以色列总理拉宾以及以色列政府和平政策的支持。

> **思考一下**
> 为什么以色列民众对拉宾遇刺事件感到尤其悲伤？该事件向以色列社会提出了哪些问题？

然而，正当拉宾离开集会会场时，一名守教的正统派犹太人从后方靠近拉宾，并开枪击中他的背部。拉宾被火速送往医院，但随后不治辞世。这一刺杀行径震惊全国。对于绝大多数以色列民众来说，最骇人的在于拉宾不是被巴勒斯坦人也不是被阿拉伯反对势力杀害，而是被一个认为这位总理的政策已经危及国家的犹太人所杀。这场刺杀案很可能是以色列现代史上最具创伤性的事件——堪比约翰·F.肯尼迪遇刺带给美国民众的影响。刺杀拉宾的凶手——伊加尔·阿米尔最终被逮捕审判，并以谋杀罪被判处终身监禁。

虽然以色列会继续努力与巴勒斯坦缔结和平，但是全世界人民都明白，失去拉宾将给未来的谈判和行动造成重大影响。

第十章 缔造和平

直击史料

传说自古以来,在每一代犹太人当中,都会出现一位义人来保护他的同胞并为他们指明通向平安的道路。拉宾总理就是这样一位义人。

——比尔·克林顿总统致拉宾总理的悼词

1995年11月6日

你会怎么做?

假设你是一个巴勒斯坦人,居住在西岸杰宁市的难民营里。你的父母告诉你,你的家族曾居住在雅法,但在老师称为"灾难"(Al-Nakba)的1948年战争中,犹太人逼迫他们离开了那里。除了见过在检查站站岗的犹太士兵,你几乎从未接触过犹太人。电视上,你看到评论员呼吁解放故土,看到各类节目暗示巴勒斯坦解放事业的殉道者可以进入天堂。在学校里,你学习巴勒斯坦历史,被告知犹太人与这片土地毫无任何联系。你课本中地图显示的巴勒斯坦就是现在以色列国所处的地方。

你的很多朋友都加入了各种政治组织,你所认识的一些人被招募,携带炸弹进入以色列,炸毁集市和公车。

你的人生有好多条道路可以走,其中包括加入与以色列和平组织进行交流互动的群体，或者选择置身政治之外专注于学业并避免惹上事端。但是你也可能加入一个主张进行暴力斗争的团体，它会让你不顾一切地去袭击以色列人。

事情如何发展？

这段历史并未结束。巴勒斯坦的年青一代每天都面临这类选择。

第十一章
平衡和平与安全

当以色列人还在默默哀悼拉宾的逝世并试图评估刺杀事件的全面影响时,拉宾的继任者西蒙·佩雷斯已开始思考和平进程的下一个重要步骤,即以色列从希伯伦大部分地区撤军。然而,巴勒斯坦恐怖分子发动针对以色列的一系列袭击还是阻碍了佩雷斯的计划。

不断升级的暴力事件也损害了佩雷斯在以色列的影响力,并使得利库德集团的新领袖本杰明·内塔尼亚胡的支持率激增。后者一方面坚持表示他可以为以色列人带来和平与安全,一方面抨击《奥斯陆二号协议》。1996年5月,内塔尼亚胡以微弱优势当选以色列总理。

历经数月协商谈判,内塔尼亚胡和阿拉法特于1997年1月

15 日成功达成新协议。该协议明确规定，以色列将在 1998 年 8 月 31 日之前从希伯伦撤军并结束对西岸其他三个区域的控制权，也是在这天，巴以双方将开启最终地位谈判（即对一些最棘手问题的谈判，包括边界问题、定居点问题、难民问题以及耶路撒冷问题）。

内塔尼亚胡有义务遵守希伯伦协议，但持续的恐怖袭击、阿拉法特和其他巴勒斯坦官员的煽动性言词，以及内塔尼亚胡政府中反对派的意见致使其推迟做出任何进一步妥协。

努力达成协议

美国政府对以色列政府在与巴方谈判中采取的强硬路线表示不满，向内塔尼亚胡施压，要求其做出更多让步。作为回应，1998 年 10 月，在一场与阿拉法特和克林顿总统的会面中，内塔尼亚胡同意在三个月内从西岸另外 13% 的地区撤军，并释放 750 名巴勒斯坦囚犯。

同样，巴方允诺将逮捕巴勒斯坦恐怖分子，正式删除巴勒斯坦宪章中号召摧毁以色列的条款，并采取措施防止巴勒斯坦媒体通过严厉抨击以色列甚至是反犹的文章和漫画来煽动对以色列的仇恨——所有这些举措都是巴解组织最初在《奥斯陆协议》中便承诺实施，但从未兑现的。由于此协议是在马里兰州的怀伊河种植园签署的，故后被称为《怀伊协议》。

1998年12月，克林顿总统对加沙进行了历史性的访问，见证巴勒斯坦全国委员会修改宪章，删除其中否定以色列生存权的条款。尽管一些以色列民众仍坚持认为巴勒斯坦人此次修改全国委员会宪章的程序并不符合巴解组织修改文件的规定，内塔尼亚胡还是选择接受巴方的努力，并践行以方在协议中的承诺，实现了第一阶段撤军，交出对西岸约合9%的土地控制权，释放规定数目的囚犯。

你可知道
本雅明·内塔尼亚胡（1949 ~ ）

本雅明·"比比"·内塔尼亚胡出生在特拉维夫，在美国上的高中，其父在那里教历史。回以色列服完兵役后，他进入麻省理工学院，获得建筑和管理学学位。

1967年，内塔尼亚胡回到以色列，加入精锐反恐突击部队，曾参与发生在本－古里安机场的比利时飞机被劫的人质解救行动，并在行动中负伤。1982年，内塔尼亚胡出任以色列驻华盛顿副大使，此后，很快被任命为以色列驻联合国大使。1998年，内塔尼亚胡返回以色列，以利库德成员身份当选以色列议会议员并

被任命为外交部副部长。

　　1996年，内塔尼亚胡当选以色列总理，但在1999年的连任竞选中败给埃胡德·巴拉克。2009年初，内塔尼亚胡于党派选举纷争激烈之际受命组建联合政府，并再次当选总理。

　　但是巴勒斯坦并没有履行协议中的承诺。他们没有采取必要手段阻止暴力、逮捕恐怖分子、收缴武器，或是将其警力削减至《奥斯陆协议》中所应允的规模。

　　内塔尼亚胡联合政府的一些成员把以方这一妥协举动视为对阿拉法特、恐怖主义以及美国施压的投降，并感到愤怒。其他以色列领导人虽然支持《怀伊协议》，但对于内塔尼亚胡未能将和平进程推向解决所有问题的最终决议而感到不满。由于丧失了太多的支持，内塔尼亚胡政府于1998年12月21日解散。新的选举定在1999年3月。

你可知道
埃胡德·巴拉克（1942~）

　　埃胡德·巴拉克出生在米斯马哈沙龙基布兹。1959年，加入以色列国防军，先后担任过士兵、特种部队指挥官、坦克旅旅长、装甲师师长和军队情报机构主任等职。

巴拉克是以色列历史上获勋章最多的军人，因其勇气和出色的执行力被授予杰出服务勋章和其他四项荣誉。1991年4月，他出任以色列武装部队参谋长，并被擢升至中将军衔。这可是以色列军队中的最高军衔。

根据协议，巴拉克给予巴勒斯坦人在加沙地带和杰里科地区的自治权，监督以色列国防军完成在这些地区的重新部署，同时在促成以色列-约旦和平协议上起到至关重要的作用。1995年11月到1996年，巴拉克出任外交部部长，先后成为工党领袖和以色列议会议员。

1999年5月，巴拉克击败时任总理本雅明·内塔尼亚胡，在随后两年担任以色列总理一职。2001年，连任选举失败。2007年，重新当选工党领袖，并出任以色列国防部部长，成为本雅明·内塔尼亚胡政府的副总理和国防部部长。2013年选举后，巴拉克退出政界。

以色列的新领袖新政策

内塔尼亚胡的继任者埃胡德·巴拉克承诺恢复与巴勒斯坦和叙利亚的谈判并在一年内从黎巴嫩撤军，同时，在这一过程中保证以色列的安全。他赢得了选民的支持，在与内塔尼亚胡的竞争中获得压倒性胜利。

以色列面孔

莉奥拉,17岁,出生在以色列第三大城市——海法。她来自一个有印度和东欧血统的家庭,是家中三个孩子中年纪最小的。莉奥拉是一个世俗犹太人,不恪守犹太饮食法,也很少去犹太会堂。很小的时候,她就加入了童子军组织措菲姆,最近成为其中一个小组的组长。

莉奥拉很喜欢户外活动,尤其是那些在海法市地中海沿岸沙滩上的活动。她还喜欢以色列民间舞蹈和美国流行音乐。她感觉最棒的经历之一就是通过童子军组织参加了一个美国夏令营并在其间担任一名顾问。服完两年义务兵役后,莉奥拉希望进入大学学习法律。

巴拉克依照协议继续交给巴解组织对更多地区的控制权,并保证如果巴方履行其义务,以方将完成整个和平进程。然而,针对以色列的恐怖袭击却不减反增。这表明巴勒斯坦人并没有实现控制恐怖分子或阻止暴力行径发生的承诺。

阿拉法特拒绝建国机会

巴拉克决定不再延长谈判进程,试图一次性达成解决所有问题的和平协议。克林顿总统对此想法表示赞成,并于 2000 年 7 月在戴维营主持了一场有阿拉法特和巴拉克参与的峰会。

进一步了解

克林顿任期结束前三天,阿拉法特赞扬克林顿是一个伟大的人士,而克林顿总统回答道:"那可糟了。我就是个悲剧人物,而且都是因为你。"

在峰会上,巴拉克提出了激进的新方案。这本可以为巴勒斯坦人带来独立,但阿拉法特不仅将美方和以方的方案全部否决,还拒绝提出自己的解决方案。在戴维营,巴拉克成为首位同意与巴方分割耶路撒冷的以色列总理。他提出将耶路撒冷阿拉伯区的控制权交给巴勒斯坦人,同时保留以色列对犹太区的控制权。

巴拉克在提案中还同意将西岸约 97% 的土地和全部加沙地带交给巴勒斯坦人。与此同时,巴拉克的提案还明显有这样一层意思:希望用以色列 1967 年之前的一小部分领土交换绿线附近有大规模犹太定居点的区域,但大多数定居点都将被拆除。然而双方在巴勒斯坦难民问题上未能达成共识，巴拉克的妥协方案遭到阿拉法特的拒绝。

克林顿参数

巴拉克并没有放弃争取和平协议的努力。2000 年 12 月，巴以双方又一次在白宫会面。最终，克林顿总统提出一系列后来被称为"克林顿参数"的妥协方案，要求以色列做出的让步比巴拉克在戴维营提出的还要多。克林顿参数允许巴勒斯坦在东耶路撒冷的阿拉伯区建立都城，并拥有圣殿山的主权；而耶路撒冷的余下部分则将作为以色列的都城，同时，包括西墙在内的圣殿山下方区域将归以色列管辖。

> **思考一下**
> 以色列应该用何种方式平衡自身的安全考量与巴勒斯坦人的权利？

尽管很多以色列人认为巴拉克向巴方做出了太多的让步，尤其是在分割耶路撒冷的问题上，巴拉克还是接受了克林顿参数。一些巴勒斯坦的谈判代表认为，尽管克林顿参数不能满足他们的全部要求，仍然倾向于接受。最终的决定权落到了阿拉法特手中。然而，他不仅拒绝了克林顿参数，而且不提任何替代方案。丹尼斯·罗斯是美国在中东问题上的首席和平谈判代表。据他的说法，阿拉法特之所以拒绝是因为有条款表明该协议意味着巴以冲突的终结。罗斯说："对他（阿拉法特）而言，冲突的终结就意味着他自己的终结。"美国驻以色列和埃及前任大使丹尼尔·库泽对此持有相同看法："戴维营会谈的失败很大程度是因为阿拉法特根本不愿意谈判……并不是因为他开出的条件怎样，是他根本什么条件都没开。"

第二次巴勒斯坦人起义

2000年9月28日，也就是巴拉克和阿拉法特于戴维营会谈后的数月，沙龙访问了圣殿山。当时，沙龙是利库德集团领袖，其所在党派与巴拉克的工党政见相左。同时沙龙也是一位备受争议的政治人物，巴方指责他与1982年发生在黎巴嫩难民营的流血事件脱不了干系。

次日，大量巴勒斯坦人聚集在圣殿山进行游行示威，最终与以色列警方爆发了武力冲突。接下来的几天里，该冲突迅速发展成"第二次巴勒斯坦人起义"，巴勒斯坦人多称其为"阿克萨起义"。

巴方声称沙龙的访问对起义的爆发负有直接责任，但实际上阿拉法特已为该冲突谋划了许久。第二次起义不断升级。之后巴勒斯坦恐怖袭击和以色列的武装报复持续了近五年，导致1000多名以色列人和3000多名巴勒斯坦人丧生。

你可知道

阿里埃勒·沙龙（1928~2014）

沙龙于1928年2月27日出生在以色列，后获得耶路撒冷希伯来大学的法学学位。1948年独立战争期间，负责指挥一支步兵团。1953年，创建并领导一支特种突击队，该突击队专门执行针对巴勒斯坦恐怖分子的报复性行动。随后他参与了西奈战役，并在六日战争中负责指挥一支装甲师。

1973年6月，沙龙从军队退役，但在同年的赎罪日战争中被军队召回，再次出任装甲师师长，领导军队渡过苏伊士运河，最终为以色列锁定胜局。

1973年，沙龙当选为以色列议会议员，但一年后辞去议员一职，出任伊扎克·拉宾总理的安全顾问。1981年，沙龙被任命为国防部长，在黎巴嫩战争期间一直担任此职。1983年，一个政府调查委员会认定沙龙对1982年黎巴嫩民兵组织在萨布拉和夏蒂拉难民营进行的针对巴勒斯坦人的屠杀事件负有间接责任，沙龙遂辞去国防部部长一职。

之后，沙龙担任过政府中多个内阁职位。1998年，他被任命为外交部部长并在2001年当选以色列总理。2005年，沙龙做出撤离居住在加沙地带犹太人的决定，导致他与其所属的利库德集团关系破裂。随后，他组建了一个新的中立党派——前进党。

2006年1月4日，沙龙中风昏迷，总理职位随后由埃胡德·奥尔默特接替。2014年1月11日，沙龙去世，享年85岁。

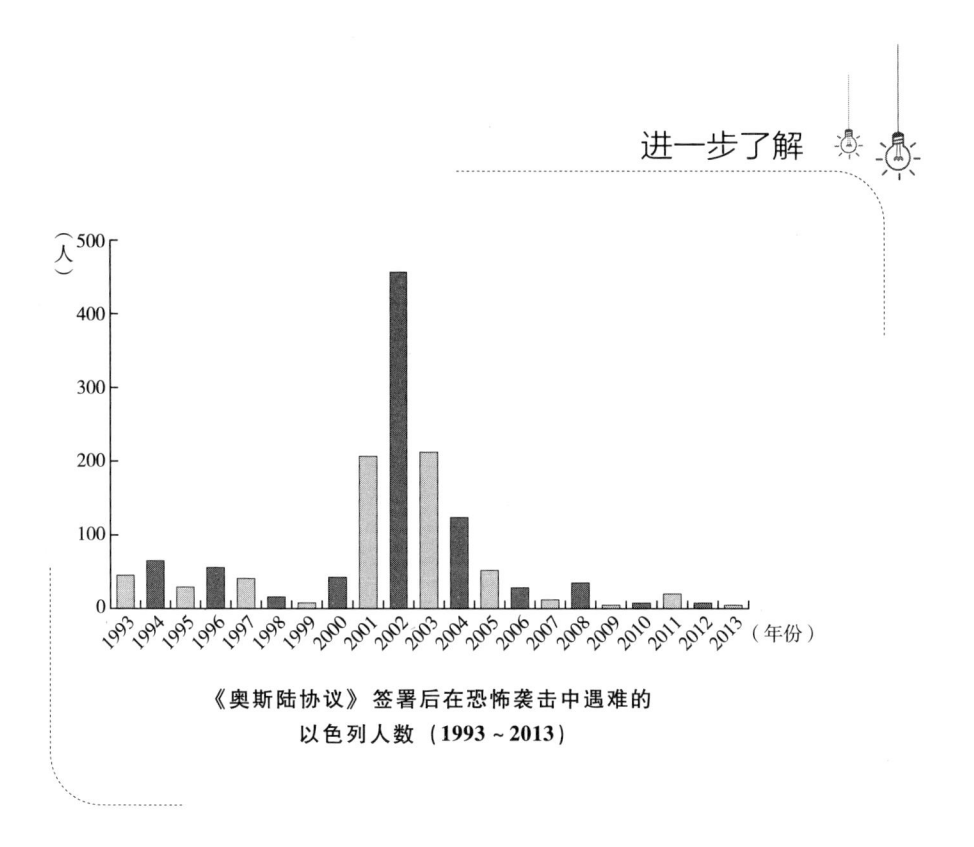

进一步了解

《奥斯陆协议》签署后在恐怖袭击中遇难的
以色列人数（1993~2013）

沙龙掌权

至2000年底，第二次起义开始全面显现威力。许多以色列人对巴拉克的妥协政策遭遇巴勒斯坦的暴力复苏感到沮丧。沙龙在与巴拉克角逐总理职位时，抨击巴拉克提出的妥协方案，尤其反对分割耶路撒冷，宣称自己才是可以为以色列带来和平与安全的人。以色列选民赞同沙龙的观点，将选票投给了他，使其在2001年2月的选举中获得压倒性胜利。

你会怎么做？

在军中服役的以色列青年经常不得不在极短时间内做出艰难的生死抉择。想象你正在以色列军中服役，面对这样一种情况：你被指派到约旦河西岸的一个检查站，在那儿每天都有大量的巴勒斯坦人过河前往以色列寻求工作机会或者医疗救助。你必须检查所有过往行人和车辆，确保他们没有携带武器。根据截获的情报，一辆载有恐怖分子和炸弹的救护车可能即将到来。

突然一辆救护车出现了，里面是一个看起来有身孕的女子。你知道之前在其他检查站出现过这样的情况：看似怀孕的妇女实则携带用于自杀式爆炸的装备。但是你面前的这个女人看起来正处于极大的痛苦之中，一个自称是她丈夫的男人看起来非常焦虑。救护车司机说那个女子即将临盆，如果不能及时送到医院进行医疗救护，新生儿就很可能死去。

天很热，很多车都在排队待检。一个新闻工作组正紧盯着你的举动,而对讲机里你的上司正在喊道:"别给救护车放行!里面有恐怖分子!"

你必须做出抉择。如果你让那辆救护车通过,而里面装载着恐怖分子和炸弹,那么无辜的人们可能会遇害。但如果你不放行,而车里如果不是恐怖分子,那个女人也真如她看起来那样,你可能会害得她失去自己的孩子。

你会怎么做?

事情究竟如何发展?

那个士兵打电话从以色列边境内叫来一辆救护车。那个女人和她丈夫被允许乘坐该救护车前往医院,而他们之前乘坐的那辆车则被暂时扣留在检查站等待进一步详查。

沙龙刚上任不久,他为以色列人带来和平的承诺便遭遇一系列自杀式暴力恐怖袭击的挑战。沙龙派遣部队进入巴解控制区进行反击,但收效甚微。

越来越大的国际压力开始要求沙龙恢复和谈。许多世界领导人声称,若想防止巴方诉诸暴力,以方需要让巴方看到实现政治诉求的前景。但沙龙则表示想谈判必须先停止暴力冲突。他认为"在暴力下"的谈判会让外界误以为恐怖行动可以迫使以色列让步。

进一步了解

面临随时可能进行自杀式爆炸的恐怖分子，要保护民众不受他们伤害，这对于以色列政府来说是一件极其艰巨的任务。为阻止恐怖分子，以色列采取的策略是在这些恐怖分子能造成任何伤害之前找到他们并将其消灭。

以这种方法对付恐怖分子有几个好处。第一，让恐怖行动的实施付出代价，告诫潜在恐怖分子，攻击以色列人不会不受惩罚。如果他们策划伤害他人，那么他们自己则随时可能成为被击毙的对象。第二，这是一种先发制人的措施，消灭了那些有可能会对以色列人造成伤害的人。第三，打乱了恐怖分子的计划，迫使他无法进行下一步行动，而不得不更改策略，会花更多力气才能实现目标。

这项策略也有一定代价。以色列的行动经常为其他国家所诟病，认为它极有可能会伤害无辜者。以色列同时也承担着暴露那些通报恐怖分子信息的线人身份的风险，而以色列士兵因执行高风险任务也陷入危险境地。同时，这一策略的反对者称它不会带来任何好处，因为这形成了一个暴力循环：每次以方袭击后，恐怖分子总会伺机报复。

更多恐怖行动

越来越多的巴勒斯坦人将炸弹绑在自己身上与以色列男女老少同归于尽。暴力不断恶化升级。2001年9月,恐怖分子杀害了以色列旅游部部长雷哈瓦姆·泽维。

2002年1月,以色列武装力量截获了一艘驶往苏伊士运河的货船,该船名为"Karine A"。船上装有50吨来自伊朗的军火,货款是由阿拉法特的高级助手支付的。阿拉法特告诉布什总统他并不知道任何关于该船的事情,但这一截获表明阿拉法特与恐怖主义的联系,这一事件令布什相信沙龙是正确的,而阿拉法特是不可信的。

直击史料

以色列人民不能生活在恐惧之中,巴勒斯坦人不能生活在肮脏和占领之中。目前没有任何迹象表明生活会变得更好。以色列公民将持续成为恐怖主义行径的受害者。以色列将继续自我防卫,巴勒斯坦人的处境也将变得越来越糟糕。我希望两个相邻的国家生活在和平与安全之中,而要想实现这个目标没有什么其他办法,除非双方战胜恐惧。

——布什总统
2002年6月24日

布什方案

2002年1月24日，布什总统提出一项方案，呼吁巴勒斯坦人"改变巴勒斯坦领导层"，改革巴勒斯坦权力机构的制度，采用民主原则以及自由市场原则，并终止恐怖主义。他呼吁其他阿拉伯国家停止支持恐怖主义，与以色列实现外交关系正常化，同时要求叙利亚关闭恐怖基地，解散恐怖组织。

尽管在暴力袭击停止之前，美国并没有要求以色列采取任何行动，但随后布什开始向以方施压要求其从西岸和加沙撤军，并就最终解决协议进行谈判，包括将部队撤回安全防御边界。布什总统声称如果巴勒斯坦方面履行义务，他会在三年后支持成立一个"临时的"巴勒斯坦政权。该政权的最终边界和完整主权将有望与以色列通过谈判解决。

你会怎么做？

假设你是以色列国防军的参谋长。你刚经秘密渠道得知恐怖组织哈马斯的领导人和他所有的高级助手不久后会在加沙市中心的一栋公寓楼里开会。空军告诉你一个2000磅的炸弹可以摧毁他们所在的大楼，但同时很有可能会对周围其他建筑造成损毁，以及造成一些无辜的巴勒斯坦民众伤亡。

你可以选择不空袭这次会议，因为它所处的区域人口密集。或者你可以要求进行地面突袭，但这意味着要派遣部队进入敌方的中心区域。

事情究竟如何发展？

以色列国防军决定炸掉那座大楼，不过，使用了当量小的炸弹。结果，该建筑物只遭受了轻微毁坏，所有恐怖分子都得以逃脱。但是，没有无辜的平民受到伤害。

巴勒斯坦人似乎并没有认真对待布什的方案。尽管他们的确采取了一些改革措施，但针对以色列的暴力行动仍在继续。发生在商场、餐馆、舞厅和巴士的爆炸袭击成为家常便饭。事实证明恐怖活动几乎不可能停止，因为恐怖分子知道他们在死后将会被视作为抵抗以色列占领而献身的烈士和英雄。自杀式袭击者的亲属还可以获得巴勒斯坦权力机构的补偿（补偿金一部分来自沙特阿拉伯和伊拉克）。

安全围栏

绝大多数自杀式恐怖袭击的目标并不是士兵，而是平民。在 800 多名以色列人死于恐怖袭击后，2002 年以色列政府决定修建安全围栏，使恐怖分子从西岸潜入以色列变得更加困难。

35 年来，以色列一直拒绝修建这样的安全围栏，但考虑到恐怖袭击的严重程度，他们决定在巴以边界修建类似以色列与黎巴嫩、约旦和叙利

> **思考一下**
>
> 美国采用无人机清除恐怖分子。这与以色列对恐怖分子采取的"定点清除"手段十分相似。该手段的道德、法律和军事考虑分别是什么？你会向领导人提出什么建议来阻止恐怖主义行径？

亚边界的安全墙。绝大多数都是围栏而不是墙，但少数几公里路段是由混凝土筑的墙体以防止巴勒斯坦狙击手射杀以色列驾驶员。

尽管安全围栏成功防范了恐怖袭击，但也同时备受争议，因为它修建的地方部分位于巴勒斯坦人声称或实际拥有的领土上。联合国和国际法庭谴责以色列修建安全围栏的举措，甚至一些以色列人也对围栏的路线表示不满，因为它并没有严格沿着1967年前曾有效划分以色列和约旦边界的绿线修建。

决定路线走向

从战略的角度来看，沿着绿线修建安全围栏几乎毫无意义，因为边界并不是防范恐怖分子入侵的最好地点。以色列领导人也决定不沿着绿线修建，因为那样做的话大量以色列民众将会被隔离到巴勒斯坦一方。部分安全围栏的走向在设计时包括了政府希望最终划入以色列的主要定居点。该想法备受争议，因为巴勒斯坦人和其他人都认为以色列应该拆除所有定居点，不管它们在哪儿。

但是包括在安全围栏内的定居点本质上属于大型城镇，以色列丝毫不打算放弃这些地区。以色列领导人暗示，未被包括在安全围栏内的定居点最终将被拆除，其所在土地也将成为未来巴勒斯坦国的领土。

巴勒斯坦人和他们的支持者（即那些反对修建安全围栏的人）向以色列最高法院请愿阻止施工或者改变它的路线。法院判决以色列有权修建安全围栏以保护其民众，但表示以色列应该在国家安全需要和沿线人民所受伤害之间做出平衡，要求政府改变部分路线并且考虑安全围栏对巴勒斯坦人可能造成的影响。以色列政府遵守了最高法院的决定。

新路线图

以色列修筑安全围栏以期增强国内安全，国际社会则希望通过落实布什总统的提议以停止暴力冲突、复苏和平进程。2003年4月30日，布什代表"四方"——美国、欧盟、俄罗斯和联合国——宣布和平"新路线图"。

该提议呼吁用"两国"方案来解决巴以冲突，列出一系列为达成最后目标双方应各自采取的步骤。首先是巴勒斯坦领导层果断抗击恐怖活动，以色列采取包括冻结所有定居点活动在内的举措。四方定出时间表，要求在规定时间内以色列按要求完成其分内的目标，同时巴勒斯坦阻止暴力行动并进行一系列改革。

世界各国领导人都希望在2005年底之前建立一个与以色列和平共处的巴勒斯坦国。但事实很快证明，该时间表设置得十分不现实。巴勒斯坦领导人没能阻止暴力行动，而以色列声明在恐怖行动结束之前，他们没有义务终止定居点的建设。巴方则称在以色列人离开巴勒斯坦领土之前他们不会停止袭击。

最后，恐怖活动不断升级，犹太人继续在西岸定居，新路线图逐渐无人问津。

第十二章
考验 "土地换和平"

2003年末，当巴以双方和解陷入僵局时，以色列总理阿里埃勒·沙龙的提议震惊了全世界。他提出以色列撤出加沙地带的全部驻军，并疏散该地以及西岸一小片区域内四个犹太定居点的所有犹太人。更令人吃惊的是，沙龙声称以色列的这些举动不要求巴方做出任何回馈。

该计划也震惊了很多以色列人。沙龙过去被认为是鹰派，经常号召用军事力量镇压巴勒斯坦的暴力行径，也时常鼓吹在巴勒斯坦领土上建立犹太社团。另外，沙龙在2003年参加连任总理竞选时，还曾抨击对手的单边撤军计划，而这却正是他现在所采取的行动。

进一步了解

加沙地带的面积约 140 平方英里，大约是华盛顿特区的两倍。1967 年，以色列军队从埃及手中夺取了该地。之后，在 20 世纪 70 年代早期，政府开始鼓励犹太人在此地定居。加沙的犹太人口逐渐增长，最后当地一共出现了 21 个定居点，生活着 1700 个犹太家庭。

《奥斯陆协议》签订之后，加沙地带 80% 的领土交由巴勒斯坦权力机构控制和管理。然而，当地的暴力事件不断升级，尤其是 2000 年 9 月之后，导致以色列对该地区巴勒斯坦人实施更为严格的限制措施，并不断采取军事措施防范恐怖袭击。

沙龙在犹太定居点问题上的立场发生了改变。他逐渐认识到投入资源——尤其是以色列士兵——保卫生活在 100 多万巴勒斯坦人中的 8500 名犹太人几乎没有意义。此外，他还认为以色列永远也不能吞并加沙地带，因为那样的话当地巴勒斯坦人将变成以色列公民，使得以色列更难保持国家的犹太性。沙龙总结道，脱离加沙地带会使以色列和平与安全的指数得到提升。巴勒斯坦人也可以因不必屈服于以色列当局的管辖而获益。他们将有机会

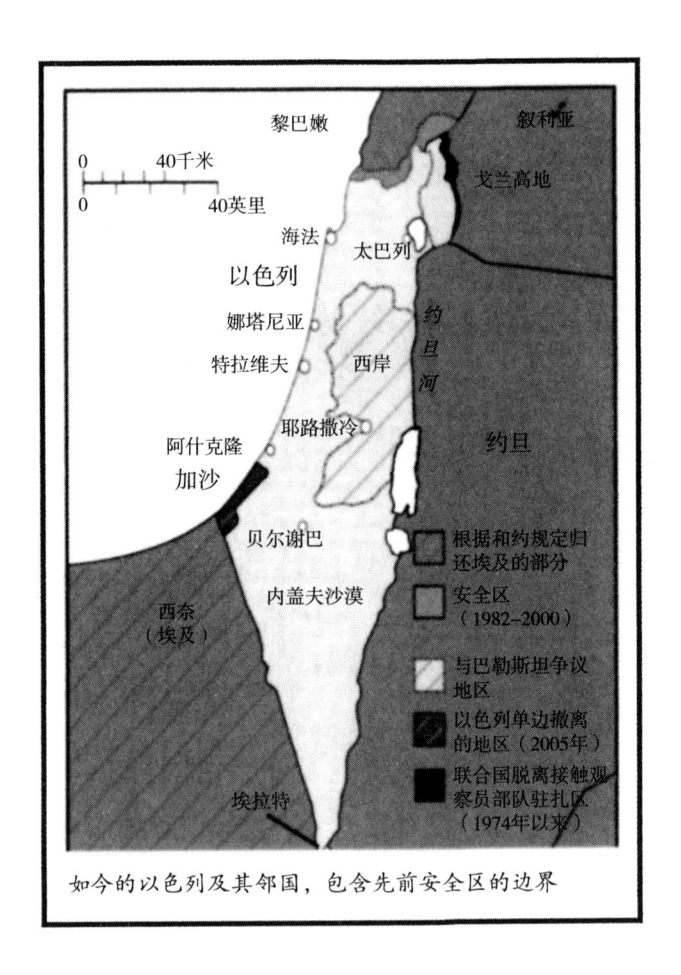

如今的以色列及其邻国，包含先前安全区的边界

开始建立自己的国家。

撤离加沙以及西岸四个定居点的决定引发了加沙地带的犹太居民及其支持者的抗议，并在以色列国内引发强烈的骚动。居住在西岸其他区域的犹太人反应尤其激烈，担心政府接下来可能要求他们离开自己的家园。很多以色列人还认为政府起初为建立安全据点而鼓励他们定居加沙，如今又要求他们撤出，这太不公平了。

但还是有很多以色列人支持沙龙的计划。2004年10月，尽管沙龙本人所在的党派投了反对票，以色列议会还是投票通过了该提案。对该计划的抗议示威进入白热化阶段，以至于一些人甚至担心以色列可能面临内战危险。

阿拉法特逝世

就在以色列激烈争论沙龙的提议时，阿拉法特突然于2004年11月辞世。全世界不少人都希望他的辞世可以为该地区的和平进程减少障碍。阿拉法特在过去几十年一直是巴勒斯坦不容置疑的领袖人物，但也被以色列政府、布什政府以及许多世界领导人视作和平道路上难以移动的绊脚石。

阿拉法特去世后，马哈茂德·阿巴斯继任。阿巴斯曾与以色列进行过谈判，世人视其为潜在的和平伙伴。然而事实很快表明，阿巴斯没有能力阻止针对以色列的持续暴力行动。

以色列拆除定居点

与此同时，以色列继续实施前面提到的计划，关闭加沙地带的定居点，给予加沙犹太人迁移所需的经济补偿。但是仍有很多犹太人拒绝离开自己的家。最终，政府不得不派遣军队对到2005年8月17日还没主动撤离的人进行强制搬迁。

> 你可知道

马哈茂德·阿巴斯（1935 ~ ）

马哈茂德·阿巴斯，又名阿布·马赞，1935年3月26日出生于策法德。1948年，他作为难民逃往叙利亚，在获得历史学博士之前曾在小学当老师。他是法塔赫的创始人之一，同时也是巴勒斯坦国家委员会和巴解组织执行委员会的成员。

1995年9月，他回到巴勒斯坦，并于2003年3月被任命为巴勒斯坦权力机构的首任总理。然而，由于阿拉法特坚持所有政府决议必须向他报审，阿巴斯从未真正掌握实权。四个月后，他沮丧地辞去总理职务。阿拉法特去世后，阿巴斯于2005年1月9日当选为巴勒斯坦权力机构主席，此后巴勒斯坦再也没有举行过选举。

尽管撤离过程中不时有小规模冲突发生，但整个行动大体比较顺利。大多数定居者采用和平的方式进行抗议，派去执行撤离任务的士兵们也竭力秉持着体恤的态度，尽最大可能使这个令人难过的迁移过程不那么痛苦。很多人以为这一强制搬迁过程将充满暴力并要耗时数月，但实际上，这一过程在几周内就完成了。

按照巴方所要求的那样，以色列拆毁了所有先前定居者的房屋，但留下了以色列农民搭建的温室大棚，希望巴勒斯坦人能够用来发展自己的经济。

撤离后的加沙

大多数以色列人希望当他们结束对加沙地带长达 38 年的军事统治后，巴勒斯坦人可以以结束暴力冲突来回应并着手其本国的基础设施建设。多年来，和平主义积极分子一直建议以色列用土地换和平，现在以色列放弃了土地，巴勒斯坦人是否会以和平相报呢？这有待检验。但答案很快就揭晓了——巴勒斯坦恐怖分子从加沙地带向以色列发射火箭弹，并且从埃及走私武器，建立自己的军火库。

以色列面孔

奥迪，17 岁，是生活在内盖夫沙漠耶路查姆镇上的家族第三代成员。他的祖父母在 20 世纪 50 年代末从摩洛哥来到以色列。他的父亲是一名公交车司机，母亲在贝尔谢巴市的一家地区医院当护士。

奥迪是个狂热的篮球迷，喜欢在电视上观看以色列、美国和欧洲专业球队的比赛。他是镇上篮球队的一员，每两周会去以色列其他地区打比赛。他很享受这个过程。除了体育运动，他还热衷电影，希望在兵役结束后有机会学习深造并成为一名电影制作人。

以色列人撤离后，加沙恐怖分子用成千上万的火箭弹和迫击炮不断袭击以色列，而巴勒斯坦权力机构却始终未能或不愿意阻止他们。其间，巴方在国家建设方面鲜有进展，反而证明它是暴力的而非和平的邻邦。这让以色列人越发不愿在领土问题上做出更多让步。

进一步了解

巴勒斯坦人时常声称他们是迦南人的后裔，在以色列人到来之前就生活在以色列故土。但是没有证据表明他们与3000年前就消失了的迦南人有任何联系。事实上，没有人知道世界上是否存在古迦南人的后裔，即便存在，也无从知晓他们会有着怎样的民族性或国民性。巴勒斯坦人的起源可以追溯到7世纪。当时阿拉伯大军横扫中东，同时也入侵了巴勒斯坦。从那时直到12世纪初，巴勒斯坦地区一直人口稀少，直到犹太移民的到来，改善了当地的医疗条件并创造经济发展机会，吸引了周边地区的阿拉伯人，巴勒斯坦地区的人口数量才开始显著增长。

哈马斯和法塔赫

2006 年，哈马斯在巴勒斯坦大选中获胜，导致局势进一步恶化。此次选举以来，哈马斯和以阿巴斯为首的法塔赫运动巴勒斯坦领导层就一直在争夺巴勒斯坦权力机构的领导权。

哈马斯拒绝承认以色列，拒绝断绝与恐怖主义的联系，还声明不会尊重之前阿拉法特与以色列签署的一系列协议。以色列因此拒绝与哈马斯接触，国际社会也限制对巴勒斯坦权力机构的经济援助并将持续至哈马斯承认以色列且放弃诉诸暴力为止。

在 15 个月的时间里，哈马斯和法塔赫力图共存甚至组建了联合政府，但随后哈马斯在 2007 年 6 月发动武装政变，夺取了对加沙的控制权。此举导致巴勒斯坦权力机构领导人马哈茂德·阿巴斯在西岸设置了一个新的临时政府，负责结束哈马斯的政治统治。尽管以色列领导人同意与阿巴斯对话，但他代表的并不是全部巴勒斯坦人。大多数以色列人认为他没有能力签署或实施任何协议。

> **直击史料**
>
> 宣称以色列拥有"生存权"并不是给予以色列恩惠。以色列的生存权，和美国、沙特阿拉伯以及其他 152 个国家一样，是不言而喻且十分充分的。以色列的合法性不是悬浮在半空中等

> 待被认可。没有任何一个国家,不论面积大小或历史的长短,会认为对其"生存权"的认可是一种恩惠或是一种可协商的让步。
>
> ——阿巴·埃班,以色列前外交部部长
>
> 摘自《纽约时报》1981 年 11 月 18 日

第二次黎巴嫩战争

以色列试图通过撤离加沙换取和平的做法并不是这一时期的唯一挫折。2000 年,以色列单方面从黎巴嫩南部撤军,自 1982 年入侵黎巴嫩南部后他们就一直驻扎在那里。以色列领导人本希望撤军后黎巴嫩政府可以在边界部署军队,以解除恐怖分子武装并维持和平秩序,然而事实并非如此。反之,真主党在继续建设其恐怖分子网络,与此同时,伊朗和叙利亚支持黎巴嫩真主党袭击以色列北部的士兵和居民。

你可知道
埃胡德·奥尔默特（1945 ~ ）

埃胡德·奥尔默特 1945 年生于以色列的宾亚米纳地区。他曾在以色列国防军任职,是以色列国防军杂志 *Bamachane* 的一名随军记者。他还是一名律师,拥有心理学和哲学学位。奥尔默特在 1973 年当选为以色列议会议员，1988～1992 年在政府中担任部长。1993 年，当选为耶路撒冷市市长。10 年后，他辞去市长一职，重返议会。

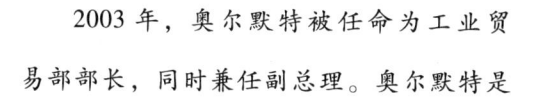

2003 年，奥尔默特被任命为工业贸易部部长，同时兼任副总理。奥尔默特是内阁中举足轻重的人物，同时也是最早提议从加沙撤军的人士之一。该建议最后被沙龙总理采纳并实施。2005 年，奥尔默特加入沙龙和其他几位前任利库德部长共同组建的新党——前进党。

2006 年 1 月 4 日，沙龙重度中风，难以继续履行总理职责。奥尔默特临时代行总理之职。同年 3 月 28 日，前进党获得议会多数票，奥尔默特当选总理。他于 2009 年卸任，随后对他进行的包括贪污和逃税等在内的指控被判不成立。2014 年 5 月，他被指控在出任耶路撒冷市长期间收受贿赂并被判有罪，之后奥尔默特提出上诉。

2006 年 6 月，黎巴嫩真主党入侵者越过边界杀死三名以色列士兵并绑架了两名士兵。而同年 1 月，沙龙因中风变得越发衰弱，总理一职由埃胡德·奥尔默特接替。奥尔默特下令对真主党展开攻击。真主党人开始向以色列北部发射数千枚火箭弹，冲突不断升级。一个月内累积有 4000 余枚火箭弹投向以色列，数千名以色列人被迫撤离或在防空洞中生活。

尽管以色列受到攻击在先，但其对真主党强有力的反击还是使国际社会转而对以色列持反对态度。随着黎巴嫩伤亡人数的不断攀升，要求以方停火的舆论压力不断增强。8月，联合国通过决议要求以色列撤军，并在边界线上部署一支国际维和部队，以防止黎巴嫩真主党重新武装并危及以色列。

黎巴嫩政府同时也被要求解除真主党武装。由于担心这样做有可能引发内战，黎巴嫩政府并无意执行联合国决议。但最终，黎巴嫩军队还是进入南部地区，得到支援的联合国维和部队为以色列北部边界带来了些许稳定。

然而，以色列国内普遍认为第二次黎巴嫩战争是一次失败。尽管以方火力更胜一筹，却仍然没能摧毁真主党的战斗力量。以色列政府也没能保护其民众不受大量火箭弹的伤害。随后，以色列人了解到，以色列空军摧毁了真主党原本计划用来袭击以色列主要城市的远程火箭弹，但仍有人质疑战争过程是否存在指挥失当的情况。以色列人也惊讶地发现自己的军队并没有做好此类作战任务的准备，很多士兵没有获得所需装备就被派往战场。

以色列北部边界直到今天仍然令人担忧，因为有伊朗在幕后支持的黎巴嫩真主党已经夺取了黎巴嫩的实权。尽管联合国通过决议和维和部队要求真主党解除武装并停止武器走私，但他们显然受到伊朗和叙利亚稳定的援助和军火支持。如今真主党已经拥有成千上万枚瞄向以色列的火箭弹。

铸铅行动

加沙地带持续成为困扰以色列人的源头。哈马斯接管加沙后开始用大量迫击炮和火箭弹攻击以色列南部,三年累计发射上万枚。尽管这类袭击造成的死亡人数不多,但还是有人因此受伤。大批以色列人生活在恐惧之中,因为火箭弹袭击警报响起后人们通常只有不到 15 秒的时间寻找藏身之处。有时甚至警报还没来得及拉响,炸弹就已经落下。

有三年的时间,以色列对此类恐怖行径的反击十分有限。然而,当哈马斯开始向以色列发射精确度更高、射程更远甚至可以深入以色列腹地的火箭弹时,近 100 万名以色列居民的生命受到严重威胁。2008 年 12 月 27 日,奥尔默特总理发起"铸铅行动",派遣军队进入加沙地带以终止此类火箭弹的袭击。

以色列面孔

萨米尔,16 岁,来自以色列西北部的达利亚特·埃尔-卡迈尔市。他全家都生活在那里。萨米尔属于少数民族德鲁兹人。家人经营一家传统餐厅,深受游客喜爱。

除了上学，萨米尔帮家里经营餐厅。他喜欢迎接陌生人到他所在的村庄。他很骄傲自己是个以色列人，希望有朝一日能加入以色列国防军的作战部队，并且像他哥哥一样成为一名军官。

战斗最终只持续了几周。2009年1月18日，埃及总统穆巴拉克提出停火倡议，以色列表示同意。不过，在此次行动中，大约有1400名巴勒斯坦人丧生。尽管过半死伤人员被认为是哈马斯成员，但还是有许多无辜的人也因此遇难。很多时候，恐怖分子利用无辜者当人肉盾牌并在居民区发射火箭弹。尽管以色列政府和军队采取诸多措施尽可能避免伤及无辜——如打电话到居民家中，散发传单警告人们撤离，发射警示弹等——但平民仍经常在双方交火中受伤。

进一步了解

每当警报声响起，意味着有火箭弹来袭。设想一下，必须在15秒内把家人转移到安全地，而这时如果家中有年迈的父母或者残疾的孩子，你该怎么办？

9岁的扎哈尔是斯德洛特的居民。他双耳失聪听不到警报声，因此他曾两次因加沙发射来的火箭弹而受伤。

> 奥舍和拉米是兄弟，分别是 8 岁和 18 岁。警报声响起时，他俩正在回家的路上，他们迅速穿过镇上的广场，试图寻找一掩体但未能及时找到。在附近爆炸的火箭弹弹片击中了他们。喜爱足球的奥舍当晚一条腿被截肢，现在不得不以轮椅代步。拉米也腿部受重伤，接受了漫长的手术。
>
> 随后，父母把家搬到阿什杜德，并以为那里远在火箭弹射程之外。但现在有了来自伊朗的科技，哈马斯火箭弹的射程可以覆盖阿什杜德甚至更远的地方。

虽然以色列同意停火并从加沙地带撤军，但其领导人发表声明：如果火箭弹继续威胁以色列人民安全的话，他们将重新诉诸武力。

以色列成功阻止了火箭弹的袭击，尽管恐怖分子在接下来的几年里仍时不时向以色列南部发射迫击炮或火箭弹。2011 年，部署"铁穹"反导防御系统后，以色列在不发动大规模军事行动的情况下的防御能力得到显著提高。事实证明"铁穹"可成功拦截哈马斯针对以色列南部大城市发射的远程导弹。不过，对短程火箭弹的拦截却相对困难，因此，很多以色列公民，尤其是生活在斯德洛特的民众仍不得不继续依赖警报系统，在警报声响起后的短短 15 秒内寻找藏身之处。

哈马斯和《戈德斯通调查报告》

"铸铅行动"导致的另一个后果是国际社会广泛谴责以色列过度使用武力。联合国人权理事会指派一个特别委员会调查在以色列和哈马斯交火期间是否存在违反国际人道主义法的情况。调查报告以委员会主席即南非法学家理查德·戈德斯通的名字命名为《戈德斯通调查报告》，其中内容很大部分基于巴勒斯坦人和非官方组织未经核实的描述，充斥着对以色列行为的谴责。同时，该报告鲜有关注过去三年间哈马斯用火箭弹不断袭击以色列城镇和村庄的行为，而恰是这些袭击行为导致以色列最终采取"铸铅行动"。调查者没有详查"铸铅行动"之前或期间哈马斯方面的行为，没有发现任何哈马斯在平民区发射火箭弹的证据；没发现恐怖分子藏身平民区并在以色列国防军接近巴勒斯坦村庄时向村庄内发射迫击炮、反坦克导弹和使用机关枪等；他们也没有发现哈马斯利用巴勒斯坦民居，安放饵雷以伏击以色列国防军士兵。这一调查结果与记者的报道相悖，而后者发布的照片、视频和报道均表明哈马斯武装分子参与了上述非法行为。

甚至连联合国人道主义事务官员约翰·霍莫斯也谴责哈马斯"不计后果、无所顾忌地使用平民设施……并且任意向平民区发射火箭弹"，他认为这些行为"明显违反国际法"。

2011年4月1日，戈德斯通撤回对以色列在冲突中故意袭击平民并犯下战争罪的指控。他表示以色列"有权利和义务保卫民众不受袭击"。事实上，正如英军驻阿富汗前指挥官理查德·肯普上校在2009年向戈德斯通委员会所证实的那样，"以色列国防军在战区为保卫平民权利所做的比历史上任何军队在战时所做的都多"。

救援船风波

加沙冲突导致的另一个后果就是以色列对加沙实施封锁，以防军火流入，该封锁由埃及在加沙南部边界实施，受到一些西方国家的支持。西方国家坚持认为哈马斯应该承认以色列并结束恐怖主义行径。随后，以色列又被指责阻止援助加沙地带巴勒斯坦人的人道主义物资。但事实是，以色列政府一向都允许人道主义组织向该地运输粮食、医药以及其他物品，只是要求检查过往船只是否携带违禁品。

2010年春，一群来自"自由加沙运动"组织、支持巴勒斯坦的激进分子决意寻事打破以色列的封锁。他们驾驶着载满补给的船只从土耳其出发直接驶向加沙。以色列官员同意在一个港口接受这些物资，之后再将其转运至加沙，但该船队的组织者表示反对。

2010年5月31日，六艘船驶向加沙海岸的以色列水域，与以色列海军在国际水域相遇。随后，其中五艘船在以色列海军人员登船后,同意驶向阿什杜德港口。当以色列海军登上第六艘船"蓝色马尔马拉号"后,遭到甲板上挥舞着棍棒、球棒、铁管和刀具的船员的伏击。这些船员将一名海军突击队员摔倒在地,夺下他的手枪,将他扔向 30 英尺下方的另一处甲板,使其头部受到重创。这时突击队员向袭击他们的船员开枪,其中包括刚刚从以色列海军身上夺下手枪而持有武器的人。最后,9 名船员死亡,7 名以色列海军士兵受伤。

虽然以色列海军当时是在进行自卫,但以色列仍然因动用武力受到谴责。土耳其政府因其公民遇难而尤为愤怒,坚持要求以色列道歉。以色列政府拒绝因为士兵的自卫行为而道歉。这导致土耳其-以色列关系出现危机。这种紧张关系对以色列的安全和区域地位影响巨大,因为土耳其长期以来一直是以色列最重要的盟友之一。

被俘士兵

哈马斯和黎巴嫩真主党的恐怖分子曾多次试图绑架以色列士兵,以交换关押在以色列监狱中的囚犯。在许多情况下,恐怖分子逼迫以色列接受不平等的交换条件。如 1985 年,以色列用 1150 名囚犯换得了 3 名士兵。2004 年,以色列释放 430 名巴勒斯坦囚犯换回了 3 具士兵的尸体和 1 位平民。为了换回更多被监禁的巴勒斯坦人,2006 年 6 月 25 日,哈马斯绑架了 19 岁的以色列下士吉拉德·沙利特，并拒绝包括红十字会在内的任何人探望沙利特。几年来唯一能表明他活着的迹象就是 2009 年 10 月公布的一段视频。经过多年的谈判，2011 年 10 月，哈马斯和以色列终于达成协议。以色列同意释放 1027 名被关押的巴勒斯坦犯人以换取沙利特。

你会怎么做？

以色列士兵遭绑架为政府带来巨大的道德、法律、政治和战略难题。犹太律法要求赎回被俘者，除非该代价威胁到整个社会。然而，赎回被俘者实则冒着鼓励敌方俘虏更多以色列人的风险。

假如你是以色列的总理。一个以色列士兵被俘并被关押在加沙。恐怖组织告知你，若要赎回该士兵，以色列必须释放一定数量被关押在狱中的恐怖分子。该士兵的亲属以及他们的支持者每天都在你家门口抗议示威，要求你赎回他们的孩子。媒体播报着被俘士兵的险境以及其亲属的煎熬。

同时，恐怖袭击中受害人的家属虽然对被俘士兵的处境表示同情，但他们认为你不应该释放这些被关押的恐怖分子。他们质问，凭什么一个士兵的性命比他们死于恐怖分子之手的亲人的生命更加珍贵呢？

你会怎么做？

以色列人对这一决定喜忧参半。他们一方面为沙利特在被关押了1940天后终于可以回家感到欣喜，另一方面也担心那些曾犯下可憎罪行的巴勒斯坦囚犯释放后会再次进行暴力恐怖活动。他们还担心这样的交换有可能激励恐怖分子绑架更多人。与此同时，恐怖袭击受害者的亲属质疑政府为什么允许那些杀害他们亲人的凶手逃脱惩罚逍遥法外。该协议引发了一场关于政府在本国士兵被绑架的情况下该采取什么措施的激烈辩论。2014年6月，以色列面临着同样进退两难的处境——3名以色列青少年在西岸搭便车时被哈马斯成员绑架并杀害。在搜寻那些男孩下落的时候，许多曾经在沙利特案件中被释放的囚犯因参与绑架和谋杀被重新逮捕。

> 我对以色列最大的希望就是，有朝一日它可以完完全全作为一个国家被认可，没有人再怀疑它存在的权利。
> ——米歇尔，19岁
> 新泽西州韦斯特菲尔德

第十三章
以色列未来展望

虽然诸如"铸铅行动"之类的军事举措获得了大量的媒体关注,但比这更重要的是透过报纸标题,可进一步理解并分析以色列应采取哪些方式来解决巴以冲突。

三种方式

以色列国家安全委员会明确了三种主要方式。

(1) 领土吞并,使西岸和加沙正式成为以色列领土的一部分;

(2) 单边撤离,不指望巴方采取回馈行动,以色列先单方撤出这些领土;

(3) 谈判议和,达成和平协议。

让我们分别剖析一下这三种方式。

领土吞并

1967年六日战争后，以色列接管了西岸和加沙地带，到如今已经40多年了。这些年，以色列政府可以在任何时候宣布这些地区为以色列领土，但以方选择不迈出这一步。

一个主要的考虑就是吞并这些区域会影响以色列的人口结构。以色列人口目前有810万，其中有600多万犹太人。如果以色列吞并这些领土，大约300万巴勒斯坦人将加入以色列国籍。这意味着犹太人在以色列人口中的比例将一下从75%降至大约56%。

如果阿拉伯人成为人口中的多数，并投票在"大以色列"废除犹太象征和习俗（如庆祝犹太节日、改变国歌，或者废除《回归法》），以色列将难以继续作为一个犹太人的国家而存在。以色列当然可以不给予阿拉伯人投票权或者其他犹太公民享有的权利，但那样的话，以色列将不再是一个民主国家。一些人则认为，这一人口结构问题其实并没有多数人口学家认为的那样严重。他们争辩道，阿拉伯人的出生率已经下降，而且还可以通过移民至以色列的犹太移民来填补。然而，如今大多数以色列人都更倾向于阿犹两个民族分别居于两个不同的国家，而不是共同生活在一个最终可能替代以色列的统一国家中。

单边撤离

2005 年，在未与巴方达成协议的情况下，以色列单边撤离加沙。以方希望此举可以换得进一步和平并有助于解决人口结构问题。军队和平民的撤出将以色列从原先既需保卫定居者又要控制阿拉伯人口数量的双重负担中解放出来。然而，2007 年，哈马斯接管加沙并将该地用作袭击以色列的基地后，这一做法的优越性被大大冲淡。此后的 7 年中，哈马斯等组织向以色列发射了 1 万余枚迫击炮弹和火箭弹，迫使以色列采取了三次军事行动来阻止这些威胁半数以上以色列人生命的攻击。

很多有影响力的以色列人，如以色列前任驻美大使迈克·欧伦，认为目前巴勒斯坦领导层不能或不愿和解，所以以色列结束对那一地区责任的最好做法就是采取单边行动。以色列划定它认为可以提供安全的边界，囊括尽可能多的犹太人，把余下的西岸地区留给巴勒斯坦人。

谈判议和

大多数以色列民众更倾向于第三种方式——与巴勒斯坦达成和平协议。这可以使以色列撤回安全且可防御的边界，并涵盖大部分住在绿线附近定居点的犹太人。与此同时，巴勒斯坦人可以在西岸和加沙的余下地区建立国家。如果巴勒斯坦人同意与以色列永久性结束冲突，那么以色列人民和新巴勒斯坦国可以和平共处,并在贸易、旅游和环保等方面开展广泛的双边互惠关系。

多年来,以色列一直试图与巴方达成此类协议,尤其是在签订《奥斯陆协议》之后。拉宾曾希望阿拉法特会仿效埃及总统安瓦尔·萨达特与以色列实现和解。然而,在《奥斯陆协议》签署9年后,以色列人意识到阿拉法特始终没有放弃以巴勒斯坦国取代以色列的美梦。

阿拉法特去世后,以色列人期待其继任者马哈茂德·阿巴斯能够表现出更为积极的妥协精神。然而,尽管阿巴斯看起来更愿意接受和平协议,但他在巴勒斯坦民众中的领导力和控制力却更弱。阿巴斯缺乏阿拉法特所具有的民众声望和影响力。同时,巴勒斯坦军事组织对他也不如对阿拉法特那样忠心。因此,以色列人怀疑他能否兑现对以色列做出的承诺。

进一步了解

由于巴勒斯坦没有哪个领袖或组织看起来愿意或是能够与以色列进行谈判,因而许多以色列人表示一味追求谈判是没有意义的。一些人认为最好的替代措施是单边撤离,但不一定是从六日战争中占有的全部领土上撤离。自六日战争以来,以色列的官方政策始终是准备撤离至有些许调整的1967年边界线内。这一立场表明以色列为确保国家安全,不打算放弃对西岸部分地区和耶路撒冷的控制。

支持单边措施的人认为,以色列应完成其安全围栏的修建,以此标志新边界的形成并将所有以色列人撤回到以方领土。这样的话,巴勒斯坦人将能够自由地在另一边建立一个独立的主权国家。如果他们选择和平生活,那么安全围栏最终会被拆除,或者至少实现对双方贸易、旅游和人员的交流开放。

但自从有了从黎巴嫩和加沙撤离的惨痛教训后,只有少数以色列人赞成采取这一单边举措。在此前的两次撤军中,以色列放弃的领土成为恐怖分子发动袭击的基地。许多以色列人担心同样的事情会发生在西岸。这样国家的核心地带特拉维夫·耶路撒冷和以色列国际机场都将处于火箭弹的射程范围内。

巴以谈判的前景因哈马斯的崛起而严重受损。2006年,哈马斯在立法选举中胜出;2007年,攫取了对加沙地带的控制权。哈马斯以摧毁以色列为己任,世界上许多国家都将哈马斯定义为恐怖组织,限制与该组织进行谈判和联系。哈马斯与阿巴斯的法塔赫集团相互争夺政权。尽管他们不时协商和解,但一直没有成功。2003年,联合国、俄罗斯、美国和欧盟四方试图共同促进和平进程。四方有意撇开哈马斯,拒绝其加入谈判,除非它能够满足以下三个条件:承认以色列的生存权,停止所有恐怖活动,认可先前以色列和巴勒斯坦签署的一系列协议。

定居点问题

2009年，奥巴马总统的主要任务之一就是试图协商解决巴以冲突。同年5月，在与以色列总理内塔尼亚胡的会面中，奥巴马要求以色列停止所有定居点的建设，并将此作为与巴勒斯坦谈判的前提。内塔尼亚胡史无前例地同意了为期10个月的停建，但拒绝在耶路撒冷停建，因为那是以色列首都而不是有争议性的领土。当巴勒斯坦领导人看到奥巴马不能迫使内塔尼亚胡全方位停建定居点后，他们开始质疑奥巴马是否强大到足以使以色列做出他们想要的让步。

在定居点问题上的聚焦，出人意料地阻碍了谈判进程。此前巴方从未坚持要求将定居点停建作为双方谈判的前提。在未要求冻结定居点的情况下，他们接受了《奥斯陆协议》。就在奥巴马就职之前，埃胡德·奥尔默特总理与阿巴斯还展开过35次谈判，尽管阿巴斯从未接受过奥尔默特的和平倡议，但一次也没有提出过冻结定居点的要求。然而，在奥巴马提出这一问题后，阿巴斯不能容忍自己的要求看起来比美国总统的还低。

当巴勒斯坦领导人最终同意坐下来与以色列进行谈判时，阿巴斯宣称只有当以色列全面、无限期地冻结定居点建设，他才同意继续谈判。内塔尼亚胡断然拒绝了这一要求。他指出阿巴斯在

10 个月的冻结期一直拒绝对话，现在没有理由相信延长冻结期他就会进行谈判。2010 年 9 月，阿巴斯退出和谈，谈判陷入僵局。内塔尼亚胡和奥巴马多次要求重新开启谈判，但阿巴斯拒绝与内塔尼亚胡会面。

阿拉伯之春

形势在 2011 年春天变得更为复杂。"阿拉伯之春"始于中东地区的造反运动。随着突尼斯、埃及、利比亚、叙利亚、也门以及一些波斯湾国家的公民不断为争取自身权益而奋起反抗，这些国家的动乱威胁整个中东地区的稳定。这些国家的命运现在依然不能确定，而且可能要很多年后才能知晓会有一个怎样的政权出现。

> 我对以色列最大的希望是，它能改善与周边国家的关系。我最大的期望是我这一代人比先辈要宽容得多，而后辈能比我这一代人更宽容。
>
> ——莎拉，16 岁
> 康涅狄格州麦迪逊

同时，局势的不稳定也为以色列带来新的安全担忧。长期掌权的埃及总统胡斯尼·穆巴拉克在之前的 30 多年一直遵守以色列－埃及之间的和平条约。穆巴拉克政权的倒台令人们开始担心极端组织有可能会掌控埃及并废除先前与以色列签订的协议。那样一来，以色列将面临该地区规模最大、训练最精良、配有美式装备的军队。

穆斯林兄弟会和其他原教旨主义者在埃及首次民主大选中获

胜。当人们发现新总统穆罕默德·穆尔西试图推行伊斯兰教法却没能解决国内严峻的经济问题时，他们再次起来反抗。这次，埃及军方夺取了政权，而他们在此前的民众反抗中并没有介入以保护穆巴拉克。2014年，军队前统帅阿卜杜勒·法塔赫·塞西在选举中胜出。他表面上与以色列保持距离，但私下开始与以色列在安全问题上展开合作。尤其是通过封锁哈马斯与埃及的边界并关闭作为哈马斯和加沙居民生命线的走私通道，埃及严惩了哈马斯。

阿拉伯世界的动乱意味着在西岸或者黎巴嫩也很可能会发生类似事件。这使许多以色列人开始重新审视妥协让步可能导致的危险：如果今天才订立和平协议的党派明天就被其他仇视以色列的群体推翻了该怎么办？

巴勒斯坦力争国家地位

尽管以色列周边一片混乱，内塔尼亚胡仍坚持要求与巴勒斯坦展开直接谈判以解决双方未能达成一致的诸多问题。与此同时，巴勒斯坦单方面发起了争取国家地位的行动。2011年9月，不顾美国和其他西方国家的反对，巴勒斯坦当局向联合国安理会提出申请，要求根据1967年的边界承认巴勒斯坦为一个独立的国家，并以东耶路撒冷作为其首都。对此，以色列和其支持者争论道，只有巴以双方通过面对面协商，在耶路撒冷归属问题、难民问题、定居点问题以及日后边界问题上取得共识，巴勒斯坦才能获得独立的国家地位。美国则威胁说将在联合国任何此类决议中投反对票。这一威胁将有效确保巴方的提案不被通过。

奥巴马总统连任后，任命参议院议员约翰·克里替代即将卸任的国务卿希拉里·克林顿。克里致力于推进中东和平，2013年7月曾积极斡旋巴以冲突。当时双方顾问举行了数场会议，为表诚意，以色列同意分四阶段释放104名巴勒斯坦在押囚犯。作为交换，巴方承诺暂停递交加入联合国国际机构的申请。

2013年8月，以色列释放了第一批26名巴勒斯坦犯人，但是巴方对以色列选择释放的犯人以及释放人数均表示不满。而在以色列宣布在西岸和东耶路撒冷修建更多住宅的计划后，巴方更为恼怒，尽管内塔尼亚胡争辩该住宅是建设在双方都认同、巴方建国后归属以色列的定居点上。会谈中类似要求的提出也使美国十分恼怒。

克里多次返回该地区，穿梭于巴以之间，希望能找到"一个既保障以色列安全又充分尊重巴勒斯坦主权的途径"。然而，到2014年3月，恐怖分子从加沙向以色列南部发射火箭弹，克里的倡议宣告失败。作为回应，内塔尼亚胡延迟释放计划内的其他巴勒斯坦囚犯。接着，巴勒斯坦领导层决定申请加入更多的国际组织。这促使以色列取消释放最后一批囚犯。

克里呼吁双方重启谈判，但4月23日巴解组织和哈马斯宣告组建统一政府的计划，使以色列不可能再列席。以色列坚持只要巴勒斯坦政府包含任何致力于毁灭以色列的组织，就不会与其进

> **思考一下**
>
> 如果以色列选择吞并西岸，那它应该给予生活在那里的巴勒斯坦人什么样的权利？

行谈判。

之后，哈马斯恐怖分子杀害了3名以色列青少年——纳夫塔利·弗伦克尔、吉拉德·沙伊尔和埃亚勒·伊弗拉，局势进一步恶化。很快，一名巴勒斯坦少年——穆罕默德·阿布·胡迪尔被3名以色列人复仇性地绑架并杀害。而在巴勒斯坦人重新开始从加沙地带向以色列发射火箭弹后，暴力进一步升级。数千枚火箭弹和迫击炮弹射程最远可达特拉维夫和耶路撒冷，过半数以色列人的生命受到了威胁。绝大多数瞄准主要城市的火箭弹都被以色列的"铁穹"反导弹系统成功拦截，拯救了成千上万人的生命。然而尽管该系统对远程导弹有效，却无法防范那些瞄准加沙附近犹太社团的短程导弹。这迫使成千上万以色列人躲进防空洞或逃至以色列北部，其中一枚火箭弹落在以色列的国际机场附近，导致大多数航班在接下来的几天被迫停止飞行，直到有确切情报表明不会再有火箭弹威胁民航航班。

为了恢复稳定并使以色列人民不再受到威胁，以色列政府于7月8日展开"护刃行动"。行动过程中，以方发现哈马斯秘密挖掘了许多从加沙通向以色列的地道，以便恐怖分子绑架以色列士兵并潜入基布兹。因此，摧毁这些地道成为这次行动的一个目标。

虽然情况看起来不容乐观且希望渺茫，但很重要的一点是，以色列花了30年时间与埃及达成和平协议，之后又花了15年时间与约旦签订了和平条约。这些成功的先例表明在达成和平协议后，以色列是可以与其周边国家和平共处的。与埃及和约旦签订和平条约一事也表明达成一个更广泛的和平是有希望的，未来中东所有国家之间都有可能发展出正常的政治、经济和个人关系。

以色列对美国的重要性

相近的意识形态

大多数民意调查显示，美国人认为以色列是美国的重要盟友并希望两国能够保持密切联系。美国对以色列的亲近已经有几十年的渊源，缘于美国人认为以色列和他们享有共同的价值观和利益。以色列人始终秉持同美国一样的信念，认为人民是一个国家最宝贵的资源。尽管以色列是一个小国，但它已然证明人民可以在疟疾肆虐的沼泽和沙漠上建立起一个现代化国家。

同美国一样，以色列也是一个移民国家。刚到以色列的人，正如新到美国的移民一样，都竭尽全力为他们自己以及子女创造更美好的生活。一些人来自西方国家，他们不得不重新适应一种全新的文化，还有一些人则来自相对欠发达的地区，如埃塞俄比亚和也门，他们刚到以色列的时候什么都没有——资产、教育或专业训练，但后来却为以色列社会做出重大贡献。

经济方面，以色列也与美国享有诸多相似之处。早年，以

> 以色列的安全对我来说很重要，因为我想让我的孩子、让孩子的孩子，都能去访问那个我称为家的地方。如果没有一个安全的家园，我未来的家人可能没有机会去看看，或是生活在那片属于犹太人的土地。
>
> ——阿历克斯，17岁
> 俄勒冈州波特兰

色列沿用英国模式，将资本主义与社会主义结合。但以色列经历的经济困难——主要缘于赎罪日战争后上涨的油价和过高的国防开支——使得国家逐步迈向市场经济。尽管面临诸多经济和安全问题，以色列在其历史的大多数时间仍然保持较高的经济增长率。

美国对以色列的亲近也来自两国对于民主社会的相同渴望。以色列人对于民主的热衷丝毫不亚于美国民众。这份美国人无比珍视的、对于自由和民权的承诺——言论自由、集会自由、宗教自由、妇女权利、同性恋权利——使以色列有别于其周边国家以及美国的阿拉伯盟友。

直击史料

美国对以色列的安全承诺根植于一个深厚的信念——我们有着相同的价值观。作为两个同样在艰难困苦中奋力争取自由的民族，我们理解维持先父及先母奋力争取到的安全，是每一代人义不容辞的义务。作为两个充满活力的民主国家，我们认识到，我们所珍视的自由和民主必须受到精心呵护。同时，作为在以色列独立之初就率先承认其主权的国

> 家，我们有着强烈的责任去帮助以色列成为犹太人富强、安全的家园。
>
> ——巴拉克·奥巴马总统，2011年5月22日在美国-以色列公共事务委员会政策大会上的发言

以色列对教育的重视程度也与美国相似。以色列拥有世界一流的大学和研究机构，并在科学和医疗领域取得了惊人的发展。因此，毫不奇怪，以色列和美国的教育机构开展了众多合作活动以及联合项目，结出许多惠及两国的科研创新成果。

地缘政治利益

中东地区的稳定对美国利益至关重要，该地区的动荡会威胁全球石油供应，滋生恐怖主义，激发多国矛盾冲突。极端伊斯兰组织反对美国政策并致力于传播极端思想，希望建立一个新的伊斯兰帝国。这也对美国及其盟国构成威胁。

美国则将以色列视为一个主要盟友，提供数十亿美元的援助支持以色列进行自卫并防范恐怖主义。此外，美国也对许多阿拉伯国家和游说团体给予援助，并经常督促以色列采取更多措施保障其境内巴勒斯坦人和阿拉伯人的权益。

从约翰·肯尼迪和林登·约翰逊总统的提议，到吉米·卡

特、比尔·克林顿、乔治·布什以及巴拉克·奥巴马总统的努力，长期以来，美国一直在以色列和其邻邦之间尽力斡旋，以期促成和平。

战略利益

在保护美国在中东的利益方面，以色列一直扮演着重要角色。两国的战略合作如今已经演变为一个实质性的联盟。双方士兵定期进行联合培训和演习，以色列武器系统也在美军中使用。两国多年来共同打击恐怖主义，并在"9·11"事件后更加密切合作。以色列安全专家定期与美国机构在技术、战略和信息等方面合作，以防止恐怖分子袭击美国。

以色列和美国除了因安全利益进行联合，也一起参与关乎两国共同价值观的项目。双方共同价值观的追求涵盖诸多领域，如环境、能源、太空、职业安全和健康等。市长、州长以及州立法者和联邦立法者不断访问以色列进行知识和最佳实践的分享。

美国人和以色列人在州和地方层面也有着诸多联系。1985年，为促进得克萨斯州农业部和以色列农业部之间的互惠项目，双方建立了得克萨斯-以色列交易所，该项目成为两国在州以及地方层面发展关系的正式里程碑。自此，其他至少33个州和哥伦比亚特区都与以色列签署了协议，加强双方在贸易、旅游、研究、文化以及其他领域的合作。如今，州长经常带领由商业领袖、教育人士以及文化事务官员组成的代表团访问以色列，各州政府以及机构与以色列开启联合项目也已成为常态。

以色列面孔

布拉德曾在英国留学了一个学期。尽管成长在一个犹太家庭，但他对以色列并不特别感兴趣，也不想去那里上学。实际上，他是在访问过25个欧洲国家和埃及后，才决定去一趟以色列。在西墙边，有一个身着黑衣、头戴黑帽，像是极端正统派的犹太人靠近他。那个男人用流利的英语问布拉德有没有时间，布拉德给予了肯定的答复。对方随后开始与他聊天。"你从美国来吗？来自美国哪里？"布拉德说他来自加利福尼亚州。对方称自己是个拉比，问布拉德是否对哲学感兴趣。布拉德答道感兴趣，以为拉比会邀请他去听讲座。然而，拉比却说了一声"跟我来"。随后，布拉德便在一所犹太经学院有了自己的宿舍。他在那里待了一周，很享受那里免费的房间以及众多可供选择的课程。他发现该犹太经学院很能启发人，并开始考虑是否应该更加守教。这段经历对他影响极大，30多年来，他每年都至少回一次以色列。

美国第一份自由贸易协定就是1985年与以色列签署的。以此为范本,美国随后又陆续与其他国家,如加拿大、约旦、墨西哥等,签署自由贸易协定。美国和以色列两国的贸易总额则从不足500万美元增长到2013年的360多亿美元。此外,有上万家美国公司在以色列开展业务或者与以色列同行有业务往来。美国和以色列拥有共同的企业愿景,人才和思想交流对于两国创新性企业而言十分重要。包括摩托罗拉、英特尔和微软在内的很多科技巨头公司都在以色列设立研究机构或工厂,利用以色列优秀的科技人才库。

以色列的渴望

> 以色列是一个精神上的象征,为世界各地的人们提供宗教庇护和象征意义。同时也是医疗和科技领域创新的领头羊。
> ——加布里埃尔,19岁
> 宾夕法尼亚州安布勒

过去60年里,以色列一直面临着巨大挑战,时至今日仍需对抗许多寻求毁灭以色列的敌人。但在不断克服这些困难的过程中,以色列不仅存活了下来,而且还走向了繁荣发展。

不过,以色列至今仍有很多内部以及外部问题亟待解决。我们绝不讳言这样一个年轻的国家还有很多障碍需要克服。以色列人梦想有一天他们可以与周边国家和平共处,梦想有一天能全身心地投入为自己和下一代建设一个更加美好国家的事业中去。

以色列对于世界的重要性

以色列的经历在世界范围内体现着人道主义原则。比如，以色列对于那些寻求庇护的人具有重要意义。作为一个移民国家，它的故事为世界流亡人士提供了希望。对犹太人而言，以色列更是一个会主动为他们提供公民身份并无条件欢迎他们的地方。此外，以色列对于来自其他信仰和文化、寻求自由的人们也非常重要，比如达尔富尔和越南的难民、巴勒斯坦同性恋等。这些人都逃离了原先的家乡并在以色列得到了安全保障。

以色列在宗教层面上也意义非凡。以色列是世界三大主要宗教的精神家园。基督教尊其为耶稣的出生地、神迹的彰显地以及弥赛亚再临之地。穆斯林则一直将以色列圣殿山上的阿克萨清真寺视为其第三大圣地。犹太人更是与以色列有着千丝万缕的联系。以色列是他们祖先的故土，大卫王与其继任者曾统治这里，所罗门的宫殿也曾在此耸立。拥有各种信仰的人们——犹太教徒、基督徒、穆斯林、巴哈伊教徒以及其他宗教信徒——都可以在以色列自由地进行宗教活动。

对于那些寻求自由生活并希望享受民主果实的人们，以色列则是他们的指路明灯。这里崇尚言论自由、宗教自由、集会自由以及媒体自由。以色列对于每一个相信人权和公民权利价值的人

> 我最大的恐惧就是以色列在我子孙那一代将不复存在。希勒尔曾说，"如果不是此刻，更待何时？"这话十分重要！以色列每天都处在生死攸关的时刻，如果没有像我一样的青年人的支持，谁知道未来会发生什么？我和我的青年同胞是世界的未来，也是以色列的未来。以色列的命运掌握在我们手中。
>
> ——娜塔莉，16岁
> 密歇根州布鲁姆菲尔德

来说都非常重要。

在历史层面上，以色列对于那些珍视过往并希望沿着圣经人物以及罗马、希腊、奥斯曼、伊斯兰和犹太历史人物足迹前行的人士而言意义重大。从拥有5000年历史的米吉多城镇，到陈列在以色列博物馆的现代艺术家作品，那些曾存在于中东地区以色列这小片土地上的、各个文明的历史都被妥善地保存着。古代文明和现代文明的交汇造就了以色列繁荣的文化，启迪着世界各地的人们。

与以色列建立联系

本书的读者可能出于上述某个原因感受到自身与以色列的联系，或者目前仍觉得以色列太过抽象，感到它只不过是一个频繁出现在新闻、《圣经》或家人朋友交谈中的遥远国度。一个人对以色列的感觉可能会很矛盾：他可能一方面喜爱以色列历史和文化的某些部分，但同时对它的一些政策心存芥蒂。如果读者是一名谨遵律法的犹太人，他可能会将以色列视作灵性之源。也有读者可能因为在文化或民族方面同以色列人或犹太人相近而感到与以色列相连。但不管读者出于怎样的原因、对以色列怀有怎样的感受，我们都在共同参与关于以色列过去、现在和未来的对话。而这本书只是一个起点，之后还有更多的内容等待读者去阅读和探索——关于以色列的对话不会停止。它将始终富有激情、充满意义，并将永远这么重要。

附　录
行动起来

讨论题和活动建议

1. 以色列通常被人们描述成一个冲突之地。试着发起一次宣传活动，通过制作标语、情况说明、广告或视频来展示以色列积极的一面。

2. 联系一所以色列高中，开展一项互联网活动来对比你的国家与以色列在某些方面的数据。这可以是基于个人层面的比较，包括年轻人生活的对比（如高中毕业计划、服兵役情况、热门职业选择或技术运用），也可以扩展到更广泛的范围（如对比生活成本数据、一般家庭规模或房屋所有权等项目）。

3. 犹太教、基督教和伊斯兰教都承认并崇拜某些犹太族长和先知。研究这些宗教是怎么分别看待亚伯拉罕、摩西、大卫和但以理等人物的。每个宗教对于这些人的看法有什么共通之处？又有什么不同？

4. 创作一篇短篇小说、一部舞台剧或一首诗歌，讲述一个俄籍犹太人家庭为摆脱迫害而逃往以色列的故事。

5. 创建一份计划书，在你的班级或邻里间建立基布兹。你要怎样分责？怎样才能保证规章制度得到有效实施？

6. 为联合国草拟一份报告，针对1948年前巴勒斯坦地区犹太人与阿拉伯人之间的冲突提出解决方案。

7. 选择一个国家并代表其在联合国为巴勒斯坦问题投票：1948年前的巴勒斯坦是否应该被分为犹太国和阿拉伯国，或者该地是否应保留给某一方？如果想将巴勒斯坦归于一方，你认为应该是哪一方？阐述你投票的理由。你有解决该冲突的其他方案吗？

8. 查看1947年的巴勒斯坦地图。你将如何在巴勒斯坦犹太人和阿拉伯人之间分割这片土地？

9. 对比《以色列独立宣言》和《美国独立宣言》。它们有什么相似之处？又有什么不同之处？

10. 设想你置身于1948年，在以色列独立战争后准备向联合国提交一份有关重新安置巴勒斯坦人的提案。你会如何安置这些巴勒斯坦人？安置在何处？

11. 在班上创立多个"政党"，并模拟以色列议会举办一场选举活动。是否有某一政党赢得多数选票？你要怎样结盟来赢得多数选票？

12. 美国人认为不可以同时存在两套平等的学校体系，而以色列人则认为犹太人（不论是否信教）和阿拉伯人可以并且也应该分别拥有独立的基础教育。就这两套体系的优缺点进行辩论。

13. 撰写一项新的联合国决议来解决六日战争后的中东和平问题。

14. 就西岸和加沙地带巴勒斯坦人的权利问题进行辩论。他们是否应被赋予和以色列阿拉伯人同等的权利？他们应该获得独立和自治权吗？

15. 讨论在旅行、运动赛事等各种情况下，以及学校、市场等日常活动地点应当采取哪些安全措施来防止恐怖分子的袭击。

16. 选择《奥斯陆协议》中一个未解决的重要问题并对该问题提出解决方案。

17. 假设现在是1973年，为美国总统起草一份声明，向美国人民解释美国向以色列运送武器的决定。

18. 综合考量以色列安全问题和巴勒斯坦方面的诉求，在包括以色列和西岸的详细地图上画出你认为合理的巴以边境线。

19. 拟定一份中东和平国际会议的邀请名单。你会邀请哪些国家？你要怎样说服他们出席会议？

20. 假设你负责的一队士兵正准备进入加沙地带某密集居民区。一些拥有炸药原料的哈马斯成员就在该街区的某个房子里，但是那里同样也住着无辜的平民。对于这项任务，你会给队员们下达怎样的指令？

21. 假设你是美国新当选的总统。你已经目睹了前两任总统竭尽全力试图协调巴以双方领导人达成最终协议却惨遭失败。你会怎样解决这一问题？

22. 想象有人邀请你去组织一场以色列和巴勒斯坦青年共同参加的聚会，旨在推动双方寻求巴以和平的方法。你会设计哪些活动让这次聚会更有意义和效果？你可能会遇到哪些困难？你准备怎样克服它们？

23. 假设你是一名住在特拉维夫的普通以色列公民，你知道和平会使你的国家变得更好。你会采取哪些行动来促进和平的实现？

24. 恐怖分子从加沙地带向以色列南部地区发射了火箭炮。尽管该地区居住人口较少，但居民们还是受到了影响。你会建议以色列总理做出怎样的回应？如果火箭炮是从西岸射出并落到耶路撒冷，你的建议会有什么变化吗？

25. 以色列和美国都很重视环境保护。联系一所以色列学校，与之沟通并开展一个联合项目。监控当地环境某一状况，或对比太阳能在以色列和美国的使用情况。

词汇表

阿利亚（Aliyah）：希伯来语"上升"的意思，用来指迁入以色列的犹太人，亦指成千上万的犹太人在短时间内迁入以色列的移居浪潮。

安拉（Allah）："真主"的阿拉伯语发音。阿拉伯人经常说"印沙安拉"（inshallah），意思是"如蒙天佑"。

《贝尔福宣言》（*Balfour Declaration*）：英国政府于1917年发表的赞同犹太人在以色列地建立民族家园的声明。此宣言是以当时代表英国政府签署声明的外交大臣贝尔福爵士的名字命名的。

贝都因人（Bedouin）：阿拉伯游牧民族，最初生活在中东以及北非的沙漠地区，后来移居到其他地方。大多数贝都因人如今都已定居，很多人生活在城市中。贝都因人几乎都是穆斯林。

切尔克斯人（Circassians）：分布在中东地区。在以色列，他们集中在北部两个村庄，形成约 3000 人的小型社区。切尔克斯人是逊尼派穆斯林。不过，他们既没有阿拉伯血统，也没有主流伊斯兰团体的文化背景。虽然保持着不一样的族群身份，切尔克斯人依然参与以色列的经济与民族事务，他们既没有被犹太社会同化，也没有完全融入主流穆斯林社团。

十字军东征（Crusades）：西欧基督教徒企图从穆斯林手中夺回圣地的一系列军事行动。第一次十字军东征始于 1095 年，持续到 1099 年。第九次也是最后一次十字军东征发生在 1271～1272 年。"十字军东征"这个词之后被用来描述基督世界对非基督世界发动的战争。

海水淡化（Desalination）：从海水中去除盐的过程，使脱盐后的海水能适于饮用、洗涤或灌溉。

迪米（Dhimma）："受保护的人。"穆斯林对于犹太人以及基督徒持有特殊的敬意，将他们称为"圣书之民"，并承认摩西与耶稣为先知。因此，犹太人和基督徒在伊斯兰国家被赋予特殊的地位，是受保护的人群。穆斯林常用"迪米"来称呼犹太人和基督徒，以区别其他不拥有任何特定权利的少数族群和被俘人员。不过，即便是作为受尊敬的人群，迪米的地位仍然毫无疑问地低于穆斯林。

流散（Diaspora）：源于希腊语，意为分散。流散可指犹太人被逐出以色列故土的历史时期，也可以指所有海外犹太人的聚居区。

德鲁兹人（Druze）：伊斯兰教一派别。信徒主要分布在黎巴嫩、利比亚南部以及以色列北部。德鲁兹人的基本信条是，安拉的神性在任何时期都显现在活人身上，而他最终的化身便是哈基姆。哈基姆是法蒂玛王朝第六代哈里发，于1016年前后在开罗宣称自己是安拉的化身。德鲁兹派信仰独一神，不在清真寺做礼拜，对自己的宗教信条秘而不宣。

绿线（Green Line）：以色列与约旦河西岸之间的分界线，后者在1967年六日战争中被以色列占领。

哈加纳（Haganah）：英国托管巴勒斯坦期间的一个地下犹太军事防卫武装，最终发展成以色列国防军。

哈马斯（Hamas）：伊斯兰抵抗运动的阿拉伯语首字母缩写，巴勒斯坦的原教旨主义组织，拒绝与以色列进行一切和平谈判。哈马斯曾多次对以色列平民以及同以色列协作的巴勒斯坦人发起恐怖袭击。

赫兹布拉（Hezbollah）："真主党"的阿拉伯语发音。赫兹布拉是一个在伊朗以及叙利亚支持下的伊斯兰原教旨主义组织，主要分布在黎巴嫩南部的什叶派地区。作为黎巴嫩的主要政治力量，赫兹布拉为国内的什叶派教徒提供社会福利服务，同时也参与对以色列士兵和平民、以色列境外犹太人以及美国人的恐怖袭击。该团体现仍为黎巴嫩国内的一个民兵组织。

希斯达德鲁特（Histadrut）：犹太工人总工会。犹太工人总工会创建于1920年，旨在为犹太工人的经济活动提供组织服务，该组织的目标是保证所有人的就业以及劳动安全。

因提法达（Intifada）：阿拉伯语原意为"摆脱"，寓意为"起义"。这个词被用来特指反对以色列占领的两次巴勒斯坦人起义。第一次起义爆发于 1987 年 12 月，第二次起义发生在 2000 年 9 月。

伊尔贡（Irgun）：犹太复国主义军事组织。这一犹太人在巴勒斯坦的地下组织成立于 1931 年，主旨是反抗阿拉伯人和英国人的统治，以"埃策尔"（Etzel）别名著称。

吉哈德（Jihad）：源于阿拉伯语动词"jahada"，意为"竭尽全力"，通常指"圣战"。由于伊斯兰恐怖主义分子声称他们的行动乃抵抗以色列以及西方的圣战，因此吉哈德通常与暴力联系在一起，尽管讨伐异教徒也可以通过和平手段来实现。

犹地亚和犹大（Judea and Judah）：两个词均指历史上包括耶路撒冷、希伯伦和伯利恒城在内的巴勒斯坦南部地区。罗马人征服犹太人的王国后，将巴勒斯坦划分为三个行政区：犹地亚、加利利和撒玛利亚。犹地亚（Judea）是希伯来语 Yehuda（Judah）的罗马翻译。犹太人（Jew）一词则源于拉丁语 Judaeus，意思是"犹地亚的居民"。

犹地亚和撒玛利亚（Judea and Samaria）：长期以来指约旦河西岸地区。自从梅纳赫姆·贝京执政以来，这两个地理名称开始有了政治含义。那些在政治辩论中称约旦河西岸地区为犹地亚和撒玛利亚的人通常认为该地区是以色列的一部分，而且应该一直如此。而那些简单地将这片领土称为西岸的人则持相反的观点。

基布兹（Kibbutz，复数形式为 Kibbutzim）：现代以色列的集体定居点。早期的基布兹主要经营农业，如今许多基布兹涉及的产业呈多样化，包括旅游业、高科技产业以及其他工业。尽管现在每个基布兹的具体组织架构有所不同，传统意义上的基布兹旨在打造一个全新的社区，从食堂、孩子抚养设施到财产一切共有共享。

以色列议会（Knesset）：以色列议会有 120 个议席，通过比例代表制选举产生。各党派列出自己的候选人名单，每个党在议会中获得的席位数根据党派在选举中获得的票数比例而定。比如，若某个党派赢得的选票能保证六个议席，则名单上的前六位候选人便成为议会议员。

《古兰经》（Koran）：源于阿拉伯语 kara'a，意思是"诵读"。《古兰经》包含真主通过天使加百列传达给穆罕默德的启示，由穆罕默德的弟子在他死后编撰成书。由于真主被认为是《古兰经》的作者，因此该书被认为是绝对真理。伊斯兰教法（Sharia，阿拉伯语意为"道路"）是对穆斯林生活进行规范的一套律法体系，其中一些律例明显来源于《古兰经》。这些律例被认为是真主意志的表达，但伊斯兰学者可以对其进行诠释解读。

可食（Kosher）：符合犹太饮食法的食品。犹太饮食法来源于《圣经》以及拉比的诠释。

工党（Labor Party）：以色列政党，由三个社会主义左翼政党联盟组成。工党（曾有过不同名称）在1948~1977年执政，在以色列公共及政治生活中占据支配地位。工党现在仍是以色列的主要政治党派之一。

利库德集团（Likud Party）：以色列政党，其源头可追溯到泽夫·（弗拉基米尔）·雅布庭斯基。利库德集团为中右翼政党，赞同民族主义及自由市场政策。

玛喀比（Maccabees）：玛他提亚家族，以"玛喀比"闻名于世，该词源于希腊语，意为"锤子"。据说玛喀比以锤子般的手段抗击敌人。玛喀比家族在光明节的故事中被提及。

托管（Mandate）：国际联盟制定的体系，授权委托成员国治理德国的前殖民地以及其他被解放的地区，其中包括曾隶属奥斯曼帝国的部分地区。

弥赛亚（Messiah）：弥赛亚是希伯来语 Mashi'ach 的音译，意为"受膏者"。"耶稣基督"则是"受膏者约书亚"的希腊语表达。犹太人和基督徒对于弥赛亚有不同的看法。犹太人心中的弥赛亚是一位救世主，受上帝指派为世界带去正义与和平。而基督徒理解的弥赛亚则是一位神圣救赎者，是上帝在人间的现身。

中东（Middle East）：有时被称作近东，指亚洲西南部以及从地中海一直延伸到巴基斯坦的非洲北部地区，同时包括阿拉伯半岛，该地区所有国家总人口超过4亿。中东有时并不包括介于非洲西端的摩洛哥以及东部利比亚之间的北非阿拉伯国家，该地区一向被称为马格里布。

莫沙夫（Moshav）：以色列一个类似于基布兹的合作组织形态。然而，在莫沙夫农田归个人所有，每个人可以保留其劳动所得。不过，莫沙夫成员需共同负担设备购置费以及产品营销费用。

摩萨德（Mossad）：以色列政府情报机构。像美国中央情报局一样，摩萨德派遣特工搜集情报、实施隐秘行动以及打击恐怖主义。摩萨德主要关注对象为恐怖组织以及中东地区的阿拉伯/伊斯兰国家。

穆夫提（Mufti）：负责解释伊斯兰教法的专家，在穆斯林中地位很高。穆夫提的意见以法特瓦文书形式传达。托管时期，哈吉·阿明·侯赛尼出任耶路撒冷的穆夫提一职，在煽动巴勒斯坦阿拉伯人对抗犹太人以及英国人问题上发挥了重要作用。

欧佩克（OPEC）：石油输出国组织的英文首字母缩写。欧佩克成立于1960年，由石油生产国伊朗、伊拉克、科威特、沙特阿拉伯以及委内瑞拉联合组成，试图通过限制市场上的石油供给量来控制石油价格。除了这五个创始国外，卡塔尔、印度尼西亚、利比亚、阿拉伯联合酋长国、阿尔及利亚、尼日利亚、厄瓜多尔、安哥拉以及加蓬也陆续加入。如今，欧佩克通过规定每个国家的石油产量在持续影响着石油价格。不过，其影响力因其他非欧佩克成员国，如美国、墨西哥、挪威以及俄罗斯等石油生产国的政策而有所削弱。

犹太教正统派（Orthodox Judaism）：坚持信仰《塔木德》以及其他拉比教义对《托拉》的传统解读，严格遵守其中的准则。正统派犹太人认为《托拉》及拉比的诠释均是上帝的启示。

巴勒斯坦解放组织（简称巴解组织）（Palestine Liberation Organization，PLO）：一联盟性质组织，主要成员为法塔赫，同时也包括其他巴勒斯坦派系，如解放巴勒斯坦人民阵线、解放巴勒斯坦民主阵线。巴解组织于1964年在开罗峰会上成立，最初由阿拉伯国家掌控。1967年六日战争后，巴勒斯坦人接管了该组织，由亚西尔·阿拉法特领导，直至其2004年去世。如今法塔赫只控制西岸地区。非巴解组织成员哈马斯则控制着加沙。

帕尔马（Palmach）：希伯来语 P'lugot Mahaz 的缩写，意为"突击队"。帕尔马是一支隶属哈加纳的精锐突击部队。

集体迫害（Pogrom）：对少数族群进行的有组织的杀戮以及财产剥夺行为。该词通常用来指对犹太人的迫害，尤其指19世纪80年代以及随后几十年发生在俄国的对犹太人进行的一系列杀戮行径。

先知（Prophets）：在犹太教中，先知是受上帝委派，晓谕上帝旨意，激发犹太民族进行忏悔并遵守上帝律法的个体。

四方委员会（Quartet）：由美国、欧盟、俄罗斯以及联合国四方代表于2003年组成的一个国际委员会，旨在解决巴以冲突问题。

犹太教公会（Sanhedrin）：犹太法院，存在于古犹地亚的每座城市。犹太教大议会是由 71 位成员组成的最高法院，坐落在耶路撒冷圣殿内，是犹太人生活的最高宗教权威和法律权威。

民族自决（Self-determination）：一个民族应该具有的决定其自身政治地位的自由权。

闪米特人（Semite）：最初出现在 18 世纪晚期，指诺亚儿子闪的后裔。如今，该词通常指使用闪族语言的人。阿拉伯人不时声称他们不可能是反闪族主义者（该词 anti-Semitic 最早见于 1879 年的德国），因为他们和犹太人一样都是闪米特人。然而，反闪族主义通常特指对于犹太人的憎恨或歧视。

什叶派（Shiites）：位列逊尼派之后的伊斯兰第二大宗教派系。逊尼派和什叶派的分歧源于伊斯兰教早期关于穆罕默德继承人的争论。伊朗是唯一一个大部分穆斯林都为什叶派的国家。不过，在伊拉克、黎巴嫩以及巴林也有规模较大的什叶派社团。

穿梭外交（Shuttle diplomacy）：某个指定代表在不愿直接交流派系之间往返沟通以寻求各方共识的外交策略。穿梭外交最初是用来形容美国国务卿亨利·基辛格在 1973 年以色列与阿拉伯国家（尤其是埃及和叙利亚）的十月战争后所进行的一系列外交活动。这一著名的穿梭外交意在说服以色列和埃及达成共识，促使以色列从 1967 年占领的土地撤军，以换取埃及的让步。双方最终达成了两个临时协议。此外，基辛格还于 1974 年 5 月戏剧性地谈成了叙利亚－以色列脱离协议。

逊尼派（Sunnis）：伊斯兰教最大的派系。逊尼派接受伊斯兰传统，承认哈里发作为穆罕默德继承人的法律权威。

圣殿山（Temple Mount）：摩利亚山上一片37英亩的区域，犹太圣殿于公元前950年前后建造于此。犹太圣殿于公元前586年遭巴比伦人摧毁，70年后得到重建。之后在公元70年被罗马人夷为平地。穆斯林随后于公元691年在圣殿山上建造了圆顶清真寺，20年后又建造了阿克萨清真寺。

恐怖主义（Terrorism）：非法使用暴力和威胁手段来恐吓或胁迫某国政府或平民，尤其是出于政治目的的行径。

神权政治（Theocracy）：源于希腊语theokratia，意为"神治政体"。在神权政治国家，上帝是所有律法以及合法性的来源，通常允许宗教领袖解读律法。

托拉（Torah）：希伯来语中"教导"或"指引"之意。托拉有时用来指称所有犹太传统，但通常该词特指《摩西五经》，或者《旧约圣经》的首五卷，即《创世记》《出埃及记》《利未记》《民数记》，以及《申命记》。

西岸（West Bank）：以色列于1967年从约旦手中夺得的位于约旦河西岸的领土。该片区域包括圣经时代的犹地亚和撒玛利亚，同时也是这一时期犹太人事实生活过的区域。

意第绪语（Yiddish）：一种采用希伯来字母拼写的语言，是希伯来语和几种欧洲语言（主要是德语）的混合体。

伊休夫（Yishuv）：1948年之前的巴勒斯坦犹太社团。

奋锐党人（Zealots）：源于希腊语，意为"狂热者"，用来描述某个人对某项事业表现出极大热情，并为之倾心尽力。该词也特指为争取犹太独立而同罗马帝国抗争的一个早期犹太团体。

犹太复国主义（Zionism，按字面翻译为"锡安主义"）：1890年，奥地利记者内森·伯恩鲍姆创造的一个名词。该词源于耶布斯人在耶路撒冷的据点——锡安（Zion）。到了大卫王统治时期，锡安成为耶路撒冷的象征。犹太复国主义的目标是复兴犹太民族在其祖先故土的政治生活以及精神生活。犹太复国主义者则是支持这一宗旨的人。

大事年表

早期犹太史

前 1700 年	饥荒迫使以色列人进入埃及
前 1250 ~ 前 1200 年	以色列人出埃及，进入迦南
前 1030 ~ 前 1010 年	扫罗王时期
前 1010 ~ 前 970 年	大卫王时期，耶路撒冷成为首都
前 970 ~ 前 931 年	所罗门王时期，第一圣殿建成
前 931 年	王国分裂：北国（以色列王国）和南国（犹大王国）
前 722 ~ 前 721 年	亚述灭以色列王国，十支派遭放逐
前 587 ~ 前 586 年	犹大王国和第一圣殿被毁，流亡巴比伦
前 538 年	波斯王古列颁布诏书允许以色列人返回故土

前 520 ~ 前 515 年	第二圣殿建成
前 333 ~ 前 331 年	亚历山大大帝征服巴勒斯坦
前 166 ~ 前 160 年	玛喀比起义
前 142 ~ 前 129 年	犹太人建立哈斯莫尼王国

基督教兴起

前 63 年	罗马帝国并吞巴勒斯坦
前 37 ~ 前 4 年	犹太国王希律王时期
前 4 年 ~ 公元 30 年	耶稣生活时代
36 ~ 64 年	使徒保罗传播基督教时代
50 ~ 125 年	《新约》撰写时代
66 ~ 73 年	犹太人起义反抗罗马统治
70 年	耶路撒冷和第二圣殿被毁
73 年	犹太人在马萨达要塞的最后坚守
132 ~ 135 年	巴尔·科赫巴起义
200 年	《密西拿》（犹太口传法律）汇编成书
312 ~ 313 年	君士坦丁皈依基督教
380 ~ 391 年	基督教成为罗马帝国宗教

伊斯兰帝国

570 年	穆罕默德诞生
622 年	圣迁，穆罕默德为躲避迫害逃离麦加

638 年	穆斯林允许犹太人重返耶路撒冷
691 年	圆顶清真寺在耶路撒冷建成
950~1150 年	西班牙犹太人的黄金时代
1099 年	十字军占领耶路撒冷
1187 年	萨拉丁从十字军手中夺回耶路撒冷
1300 年代	奥斯曼穆斯林王朝在土耳其兴起
1520~1566 年	苏莱曼大帝统治时期

第一波和第二波阿利亚

1881 年	东欧犹太人开始移民巴勒斯坦地区
1882~1903 年	第一波阿利亚,移民主要来自俄国
1896 年	西奥多·赫茨尔著《犹太国》出版
1897 年	赫茨尔组织的第一次犹太复国主义代表大会在瑞士巴塞尔召开,成立世界犹太复国主义者联盟
1904~1914 年	第二波阿利亚,移民主要来自俄国和波兰
1909 年	第一个基布兹德甘尼亚在以色列建立
1914~1918 年	第一次世界大战
1916 年	阿拉伯人开始反抗奥斯曼土耳其人的统治
1917 年	英国占领者终结奥斯曼帝国的 400 年统治

《贝尔福宣言》和托管时期

1917 年	《贝尔福宣言》认可犹太人在巴勒斯坦建立犹太民族家园的权利
1919～1923 年	第三波阿利亚，移民主要来自俄国
1922 年	国际联盟授予大不列颠托管巴勒斯坦的权利
1922 年	外约旦的疆界划定
1924～1932 年	第四波阿利亚，移民主要来自波兰
1933 年	阿道夫·希特勒成为德国总理
1933～1939 年	第五波阿利亚，移民主要来自德国
1936～1939 年	巴勒斯坦的阿拉伯好战分子煽动反犹骚乱
1939 年	犹太移民受到英国白皮书严格限制
1939～1945 年	第二次世界大战
1945 年	阿拉伯国家联盟在开罗成立
1947 年	"1947 年出埃及记号"驶往巴勒斯坦，被禁入
1947 年	联合国提议在巴勒斯坦建立一个阿拉伯国和一个犹太国

现代以色列诞生

1948 年	英国结束对巴勒斯坦的托管；以色列宣布独立

1948 年	以色列遭到 5 个阿拉伯国家入侵
1948～1949 年	以色列独立战争
1948～1952 年	大批来自欧洲和阿拉伯国家的犹太人移民以色列
1949 年	以色列同埃及、黎巴嫩、约旦以及叙利亚签署停战协议
1949 年	耶路撒冷由以色列和约旦分治
1949 年	第一届以色列议会选举
1951 年	约旦阿卜杜拉国王遇刺
1952～1954 年	埃及共和国成立；纳赛尔掌权
1953 年	侯赛因国王在约旦正式登基
1956 年	苏伊士运河战争爆发
1963 年	大卫·本-古里安辞去以色列总理一职，由列维·艾希科尔接任
1964 年	巴勒斯坦解放组织（PLO）成立

从六日战争至 1984 年

1967 年	六日战争爆发
1967 年	联合国安理会通过 242 号决议
1969～1970 年	埃及针对以色列展开消耗战
1970 年	侯赛因国王军队逐出叙利亚支持的巴勒斯坦反叛分子（黑九月）

1971 年	哈菲兹·阿萨德夺取叙利亚政权
1972 年	11 名以色列运动员在慕尼黑奥运会期间遭巴解组织杀害
1973 年	赎罪日战争爆发
1974 年	果尔达·梅厄辞职；伊扎克·拉宾成为以色列总理
1976 年	以色列营救被挟持在乌干达恩德培的人质
1977 年	利库德集团组建政府，结束工党 29 年的执政
1977 年	埃及总统安瓦尔·萨达特访问耶路撒冷
1978 年	《戴维营协议》
1979 年	埃以签署和平条约
1981 年	以色列空军摧毁伊拉克核反应堆
1981 年	埃及总统安瓦尔·萨达特遇刺；胡斯尼·穆巴拉克继任总统
1982 年	以色列完成从西奈半岛撤离的三个阶段
1982 年	以色列入侵黎巴嫩，将巴解组织领导层逐出黎巴嫩
1983 年	梅纳赫姆·贝京突辞以色列总理一职
1984 年	以色列实施将埃塞俄比亚犹太人接回家园的"摩西行动"

第一次巴勒斯坦人起义至2000年

1987年	第一次巴勒斯坦人起义爆发
1989年	大量来自苏联的犹太人开始移民以色列
1991年	以色列在海湾战争期间遭受伊拉克飞毛腿导弹袭击
1991年	中东和会在马德里召开
1991年	以色列实施"所罗门行动",将犹太人从埃塞俄比亚空运回国
1993年	以色列和巴解组织签署《奥斯陆协议》
1994年	巴勒斯坦人在加沙地带和杰里科城实行自治
1994年	以色列和约旦签署和平条约
1994年	拉宾、佩雷斯和阿拉法特被授予诺贝尔和平奖
1995年	《奥斯陆二号协议》规定以色列军队从所有位于西岸的巴勒斯坦重要城镇撤离
1995年	伊扎克·拉宾总理在一次和平集会中遇刺
1995年	西蒙·佩雷斯当选以色列总理
1996年	本杰明·内塔尼亚胡赢得第一次直选,成为以色列总理
1997年	巴以达成协议,以色列同意从西岸希伯伦撤离
1998年	怀伊河庄园会谈;以色列同意从更多西岸城市撤离

1999 年	约旦国王侯赛因去世,阿卜杜拉继位
1999 年	埃胡德·巴拉克当选以色列总理
2000 年	以色列单边从黎巴嫩撤军
2000 年	叙利亚总统哈菲兹·阿萨德在与以色列谈判后于 6 月去世,其子巴沙尔继位
2000 年	比尔·克林顿总统、埃胡德·巴拉克和亚西尔·阿拉法特未能就巴以协议达成一致

第二次巴勒斯坦人起义至 2007 年

2000 年	第二次巴勒斯坦人起义爆发
2000 年	巴拉克总理辞职
2001 年	阿里埃勒·沙龙当选以色列总理
2002 年	布什总统呼吁阿拉法特下台;勾勒出建立临时巴勒斯坦国的路线图
2003 年	"四方"宣布新路线图以促进巴以协议
2004 年	沙龙确定从加沙撤离的计划
2004 年	亚西尔·阿拉法特在巴黎去世
2005 年	马哈茂德·阿巴斯当选巴勒斯坦权力机构主席
2005 年	以色列完成从加沙的撤离
2005 年	沙龙退出利库德集团,创建中间派前进党
2006 年	沙龙严重中风,陷入昏迷;埃胡德·奥尔默特担任代总理一职

2006 年	哈马斯在巴勒斯坦权力机构大选中赢得多数
2006 年	前进党赢得选举；埃胡德·奥尔默特出任总理
2006 年	以色列和黎巴嫩真主党开始数月的战争
2007 年	哈马斯夺取对加沙的控制权
2007 年	国际会议在马里兰州安纳波利斯召开，开启新的和平进程

铸铅行动至 2014 年

2008 年	以色列展开铸铅行动
2009 年	以色列同意停火并从加沙撤军
2009 年	乔治·米切尔被美国总统奥巴马任命为中东特使
2009 年	本杰明·内塔尼亚胡成为以色列总理
2009 年	教皇本笃十六世访问以色列
2009 年	特拉维夫举行建城百年庆典
2009 年	以色列同意将定居点建设冻结 10 个月
2010 年	与巴勒斯坦人谈判开始，无果而终
2011 年	"阿拉伯之春"爆发
2011 年	呼吁社会正义的夏季抗议席卷以色列
2011 年	耶路撒冷开始运行轻轨
2011 年	土耳其驱逐以色列大使，两国关系恶化

2011 年	巴勒斯坦人开始在联合国寻求独立地位
2011 年	四方呼吁新一轮和平谈判
2011 年	吉拉德·沙利特在关押五年后被释放；1027 名巴勒斯坦囚犯被释放
2011 年	卡扎菲在利比亚动乱中被杀
2011 年	以色列呼吁与巴勒斯坦人在无先决条件下恢复谈判
2012 年	本杰明·内塔尼亚胡总理组建联合政府
2013 年	巴以双方在美国国务卿约翰·克里的牵头下恢复和平谈判
2013 年	哈马斯向以色列发射火箭弹，以色列取消释放巴勒斯坦囚犯计划
2014 年	议会提出要求正统派犹太经学院学生在以色列国防军服役的动议
2014 年	巴解组织和哈马斯组建联合政府；以色列暂停和平谈判
2014 年	三名以色列青少年遭哈马斯绑架并杀害
2014 年	以色列在加沙展开"护刃行动"
2014 年	"护刃行动"在持续 50 天后结束，其间以色列摧毁了哈马斯大部分军火库以及通往以色列的隧道

参考文献

Allon, Yigal. *The Making of Israel's Army*. Universe Books, 1970.
Amichai, Yehuda. *The Selected Poetry Of Yehuda Amichai, Newly Revised and Expanded edition*. University of California Press, 1996.
Aumann, Moshe. *Land Ownership in Palestine 1880-1948*. Academic Committee on the Middle East, 1976.
Avineri, Shlomo. *The Making of Modern Zionism: Intellectual Origins of the Jewish State*. Basic Books, 1981.
Avneri, Arieh. *The Claim of Dispossession*. Transaction Publishers, 1984.
Bard, Mitchell. *From Tragedy to Triumph: The Politics Behind the Rescue of Ethiopian Jewry*. Greenwood, 2002.
———. *Myths and Facts: A Guide to the Arab-Israeli Conflict*. AICE, 2011.
———. *The Water's Edge and Beyond*. Transaction Publishers, 1991.
———. *Will Israel Survive?* Palgrave, 2007.
Bard, Mitchell, and Moshe Schwartz. *1001 Facts Everyone Should Know About Israel*. Rowman & Littlefield, 2005.
Becker, Jillian. *The PLO*. St. Martin's Press, 1985.
Begin, Menachem. *The Revolt*. E. P. Dutton, 1978.
Bell, J. Bowyer. *Terror Out of Zion*. Transaction Publishers, 1996.
Ben-Ami, Yitshaq. *Years of Wrath, Days of Glory: Memoirs from the Irgun*. Shengold Publishers, 1996.

Ben-Gurion, David. *Rebirth and Destiny of Israel*. Philosophical Library, 1954.

Benvenisti, Meron. *City of Stone: The Hidden History of Jerusalem*. University of California Press, 1998.

Beverley, James A. *Understanding Islam*. Thomas Nelson, 2001.

Buehrig, Edward. *The UN and the Palestinian Refugees*. Indiana University Press, 1971.

Bush, George W. *Decision Points*. Crown, 2010.

Carter, Jimmy. *Keeping Faith: Memoirs of a President*. University of Arkansas Press, 1995.

Churchill, Randolph S., and Winston S. Churchill. *The Six-Day War*. Penguin, 1967.

Clinton, Bill. *My Life*. Vintage, 2005.

Cobban, Helena. *The Palestine Liberation Organization*. Cambridge University Press, 1984.

Collins, Larry, and Dominique Lapierre. *O Jerusalem!* Simon and Schuster, 1972.

Dimont, Max. *Jews, God and History*. Mentor Books, 1994.

Eban, Abba. *Heritage: Civilization and the Jews*. Summit Books, 1984.

———. *My Country: The Story of Modern Israel*. Random House, 1972.

Gilbert, Martin. *Israel: A History*. William Morrow & Co., 1998.

———. *Letters to Auntie Fori: The 5,000-Year History of the Jewish People and Their Faith*. Schocken, 2002.

Grossman, David. *Death as a Way of Life: From Oslo to the Geneva Agreement*. Picador, 2004.

———. *To the End of the Land*. Vintage, 2001.

———. *The Yellow Wind*. Picador, 2002.

Hertzberg, Arthur. *The Zionist Idea*. Jewish Publication Society, 1997.

Herzl, Theodor. *The Diaries of Theodor Herzl*. Peter Smith Publishers, 1987.

———. *The Jewish State*. Dover Publications, 1989.

Herzog, Chaim. *The Arab-Israeli Wars*. Random House, 1984.

———. *War of Atonement: The Inside Story of the Yom Kippur War*. Stackpole Books, 1998.

Hourani, Albert. *A History of the Arab Peoples*. Warner Books, 1992.
Israeli, Raphael, ed. *PLO in Lebanon*. St. Martin's Press, 1983.
Jabotinsky, Ze'ev. *The War and the Jew*. Altalena Press, 1987.
Johnson, Paul. *A History of the Jews*. HarperCollins, 1988.
Karsh, Efraim. *Fabricating Israeli History: The "New Historians."* Frank Cass, 2000.
———. *Palestine Betrayed*. Yale University Press, 2011.
Katz, Samuel. *Battleground: Fact and Fantasy in Palestine*. SPI Books, 1986.
Kissinger, Henry. *The White House Years*. Little Brown & Co., 1979.
———. *Years of Renewal*. Simon & Schuster, 1999.
Kollek, Teddy. *Jerusalem*. Washington Institute for Near East Policy, 1990.
Laqueur, Walter. *A History of Zionism*. Fine Communications, 1997.
———. *The Road to War*. Weidenfeld and Nicolson, 1968.
Laqueur, Walter, and Barry Rubin. *The Israel-Arab Reader*. Penguin, 2001.
Lewis, Bernard. *Islam and the West*. Oxford University Press, 1994.
———. *The Jews of Islam*. Princeton University Press, 2002.
———. *The Middle East: A Brief History of the Last 2000 Years*. Touchstone Books, 1997.
Livingstone, Neil C., and David Halevy. *Inside the PLO*. William Morrow and Co., 1990.
Lorch, Netanel. *One Long War*. Herzl Press, 1976.
Meir, Golda. *My Life*. Dell, 1975.
Morris, Benny. *The Birth of the Palestinian Refugee Problem Revisited*. Cambridge University Press, 2004.
———. *Righteous Victims: A History of the Zionist-Arab Conflict, 1881-1999*. Knopf, 2001.
Netanyahu, Benjamin. *A Place among the Nations: Israel and the World*. Warner Books, 1998.
Nixon, Richard. *RN: The Memoirs of Richard Nixon*. Touchstone Books, 1990.
O'Brien, Conner Cruise. *The Siege: The Saga of Israel and Zionism*. Touchstone Books, 1986.

Oren, Michael. *Six Days of War: June 1967 and the Making of the Modern Middle East*. Oxford University Press, 2002.

Oz, Amos. *In the Land of Israel*. Harvest Books. 1993.

——. *A Tale of Love and Darkness*. Harvest Books. 2005.

Patai, Ralph, ed. *Encyclopedia of Zionism and Israel*. McGraw Hill, 1971.

Porath, Yehoshua. *The Emergence of the Palestinian-Arab National Movement, 1918-1929*. Frank Cass, 1996.

——. *In Search of Arab Unity, 1930-1945*. Frank Cass, 1986.

——. *Palestinian Arab National Movement: From Riots to Rebellion: 1929-1939*. Vol. 2. Frank Cass, 1977.

Quandt, William B. *Camp David: Peacemaking and Politics*. Brookings Institution, 1986.

——, ed. *The Middle East: Ten Years after Camp David*. Brookings Institution, 1988.

Rabin, Yitzhak. *The Rabin Memoirs*. University of California Press, 1996.

Randal, Jonathan. *Going All the Way: Christian Warlords, Israeli Adventurers, and the War in Lebanon*. Vintage Books, 1983.

Reeve, Simon. *One Day in September: The Full Story of the 1972 Munich Olympics Massacre and the Israeli Revenge Operation "Wrath of God."* Arcade Publishing, 2001.

Ross, Dennis. *The Missing Peace: The Inside Story of the Fight for Middle East Peace*. Farrar, Straus and Giroux, 2004.

Roumani, Maurice. *The Case of the Jews from Arab Countries: A Neglected Issue*. World Organization of Jews from Arab Countries, 1977.

Rubinstein, Amnon. *The Zionist Dream Revisited: From Herzl to Gush Emunim and Back*. Schocken Books, 1987.

Sachar, Abram Leon. *History of the Jews*. Random House, 1982.

Sachar, Howard. *A History of Israel: From the Rise of Zionism to Our Time*. Alfred A. Knopf, 1998.

Safran, Nadav. *Israel: The Embattled Ally*. Harvard University Press, 1981.

Schechtman, Joseph B. *European Population Transfers, 1939-1945*. Russell & Russell, 1971.

Schiff, Ze'ev, and Ehud Ya'ari. *Intifada.* Simon & Schuster, 1990.

———. *Israel's Lebanon War.* Simon & Schuster, 1984.

Schoenberg, Harris. *Mandate for Terror: The United Nations and the PLO.* Shapolsky, 1989.

Silverberg, Robert. *If I Forget Thee O Jerusalem: American Jews and the State of Israel.* William Morrow and Co., Inc., 1970.

Stillman, Norman. *The Jews of Arab Lands.* Jewish Publication Society, 1989.

———. *The Jews of Arab Lands in Modern Times.* Jewish Publication Society, 1991.

Teveth, Shabtai. *Ben-Gurion and the Palestinian Arabs: From Peace to War.* Oxford University Press, 1985.

———. *Ben-Gurion: The Burning Ground 1886-1948.* Houghton Mifflin, 1987.

———. *Moshe Dayan: the Soldier, the Man, the Legend.* Houghton Mifflin, 1973.

Truman, Harry. *Years of Trial and Hope.* Vol. 2. Doubleday, 1956.

Weizmann, Chaim. *Trial and Error.* Greenwood Press, 1972.

Ye'or, Bat. *The Dhimmi.* Associated University Press, 1985.

WEBSITES

Academic Guide to Jewish History: www.library.utoronto.ca/jewishhistory

American Israel Public Affairs Committee (AIPAC): www.aipac.org

American Jewish Committee: www.ajc.org

Anti-Defamation League (ADL): www.adl.org

Arab-Islamic History: www.al-bab.com/arab/history.htm

Begin-Sadat Center for Strategic Studies: besacenter.org

Beit Hatfutsot—The Museum of the Jewish People: www.bh.org.il

Central Intelligence Agency (CIA): www.cia.gov

Central Zionist Archives: www.zionistarchives.org.il/ZA/pMainE.aspx

Dinur Center for the Study of Jewish History: www.jewishhistory.huji.ac.il

History of the Ancient Near East: ancientneareast.tripod.com

History of the Jewish People: www.jewishhistory.org.il

Institute for Advanced Strategic and Political Studies: www.iasps.org

International Policy Institute for Counter-Terrorism: www.ict.org.il

Internet Medieval Sourcebook: www.fordham.edu/halsall/sbook.html
Internet Modern History Sourcebook:
  www.fordham.edu/halsall/mod/modsbook.html
Israel Defense Forces (IDF): www.idf.il
Israel Ministry of Foreign Affairs: www.mfa.gov.il
Israel's Central Bureau of Statistics: www.cbs.gov.il/engindex.htm
Israel's Prime Minister's Office: www.pmo.gov.il/PMOEng
Jerusalem Center for Public Affairs: www.jcpa.org
Jewish Institute for National Security Affairs (JINSA): www.jinsa.org
Jewish National Fund (JNF): www.jnf.org
Jewish Virtual Library: www.JewishVirtualLibrary.org
Knesset—The Israeli Parliament: www.knesset.gov.il
The Middle East Media Research Institute (MEMRI): www.memri.org
National Archives and Records Administration: www.archives.gov
Peres Center for Peace: www.peres-center.org
StandWithUs: www.standwithus.com
United Nations: www.un.org
U.S. Department of State: www.state.gov
Washington Institute for Near East Policy: www.washingtoninstitute.org
World Jewish Congress (WJC): www.worldjewishcongress.org
World Zionist Organization: www.wzo.org.il

Use your smartphone to discover more Israel resources.

图书在版编目(CIP)数据

为什么是以色列 / (美) 米切尔·巴德 (Mitchell Bard) 著; 文奕等译. -- 北京: 社会科学文献出版社, 2017.3 (2025.8 重印)

书名原文: Israel Matters: Understand the Past, Look to the Future

ISBN 978-7-5201-0413-5

Ⅰ.①为… Ⅱ.①米… ②文… Ⅲ.①以色列-概况 Ⅳ.①K938.2

中国版本图书馆 CIP 数据核字 (2017) 第 043350 号

为什么是以色列

著　　者 / 〔美〕米切尔·巴德 (Mitchell Bard)
译　　者 / 文　奕　荣　玉　李佳臻　欧阳玉倩
校　　者 / 徐　新

出 版 人 / 冀祥德
项目统筹 / 郭白歌
责任编辑 / 袁卫华　孙美子
责任印制 / 岳　阳

出　　版 / 社会科学文献出版社·人文分社 (010) 59367215
　　　　　　地址: 北京市北三环中路甲 29 号院华龙大厦　邮编: 100029
　　　　　　网址: www.ssap.com.cn
发　　行 / 社会科学文献出版社 (010) 59367028
印　　装 / 三河市东方印刷有限公司

规　　格 / 开　本: 787mm×1092mm　1/16
　　　　　　印　张: 17　插　页 0.75　字　数: 168 千字
版　　次 / 2017 年 3 月第 1 版　2025 年 8 月第 12 次印刷
书　　号 / ISBN 978-7-5201-0413-5
定　　价 / 59.00 元

读者服务电话: 4008918866

版权所有　翻印必究